Les apatriés

Santé, Sociétés et Cultures
Collection dirigée par Jean Nadal

Peut-on être à l'écoute de la souffrance, en comprendre les racines et y apporter des remèdes, hors d'un champ culturel et linguistique, d'un imaginaire social, des mythes et des rituels ? Qu'en est-il alors du concept d'inconscient ? Pour répondre à ces questions, la collection *Santé, Sociétés et Cultures* propose documents, témoignages et analyses qui se veulent être au plus près de la recherche et de la confrontation interdisciplinaire.

Déjà parus

Michel de BOUCAUD, *La prévention de la pédophilie dans la société et dans l'Eglise,* 2021.
Hélène COMPOINT, *Les héros de la jeunesse sur le divan. Psychanalyse de l'enfant de 6 à 11 ans,* 2021.
Florence PUKLAVEC, *Psychanalyse du sportif d'endurance. L'identité en marche,* 2019.
Christelle FERRATY-GIACARDI, *Le marin. Entre désir de voyage et nostalgie,* 2018.
Michel PETIT, *Ecce homo, l'odyssée de l'aventure humaine,* 2017.
Charles MARSEL, *Cahiers oubliés. Chronique fictive d'une errance psychodysleptique,* 2017.
Olga COLLAONE, *U.L.I.S.S., héros tragique du normativisme social. Essai sur l' « ordination » des structures éducatives en milieu scolaire :* homo ordinator, 2013.
Dominique PERROUAULT, *Le soin grâce à la musique. La triangularité en musicothérapie et la place du musicothérapeute,* 2013.
Gérald Quitaud, *Lève-toi et marche ! Le chemin psychologique de la création de soi,* 2012.
Anne DENYS, *Destins croisés au pays des chamans. Guéris par la forêt,* 2012.
Monique LIART, *Psychanalyse et psychosomatique. Le corps et l'écrit,* 2012.
Jean-Loup CLEMENT, *Mon père, c'est mon père. L'histoire singulière des enfants conçus par Insémination Artificielle avec Donneur* (nouvelle édition), 2012.

Louis Moreau de Bellaing
& Saverio Tomasella

Les apatriés
Pieds-noirs, harkis, Algériens : subjectivités
éprouvées et statuts politiques escamotés

© L'Harmattan, 2022
5-7, rue de l'École-Polytechnique, 75005 Paris

www.editions-harmattan.fr

ISBN : 978-2-14-025833-6
EAN : 9782140258336

À la mémoire de Malik Oussekine, assassiné à Paris le 6 décembre 1986.

Nous remercions Camille Marie, qui, par sa relecture attentive et, surtout, ses suggestions, nous a aidés à mettre en forme l'article d'où nous avons tiré cet ouvrage
(*L'Homme et la Société*, n° 212, 2020 - 1)

Sommaire

Sommaire 9
Prologue 13

Première partie
La subjectivité éprouvée des populations 21

    Introduction 21

Chapitre I - États des lieux de l'Algérie coloniale et colonialiste 23

    La première guerre d'Algérie 23

    La France face à la découverte de nouveaux territoires 24

    Les populations de l'Algérie conquise 25

    Le statut politique des Français migrants et de ceux d'origine étrangère 26

Chapitre II - Subjectivation et désubjectivation 31

    Le subjectif et l'objectif 31

    La subjectivation comme processus 31

    La désubjectivation 32

    La désubjectivation comme conséquence d'une catastrophe 33

    Conclusion 34

Deuxième partie
Coexistence de trois communautés humaines disparates **35**

    Introduction 35

    Chapitre III - Les pieds-noirs **37**

    Chapitre IV - Les harkis **41**

    Chapitre V - Les Algériens migrants exilés-réfugiés **47**

Troisième partie
Colonisation et colonialisme en Algérie, conséquences passées, effets actuels **53**

    Introduction 53

    Chapitre VI - Les trois communautés et leurs subjectivités **55**

        Subjectivations et désubjectivations des pieds-noirs 55

        Subjectivations et désubjectivations des harkis 57

        Subjectivations et désubjectivations des migrants algériens 59

        Transition 61

    Chapitre VII - Des vécus subjectifs complexes **63**

        La présence française 63

        L'absence des Algériens 63

        La minimisation de la condition sociale des Algériens 64

        Les rôles subalternes et l'oubli de la condition sociale 64

La camaraderie de bon aloi 65
Les amitiés, les camaraderies 66
Les meurtres et crimes contre l'humanité 67
Le problème de la réception de la propagande
politique et de la liberté de choix 69

**Chapitre VIII - Les conséquences passées
et présentes de la guerre d'Algérie 71**

Les exactions de l'armée française 71
Les exactions des fellaghas 72
Les protestations contre la torture 73
La censure 74
Les désubjectivations des soldats du contingent 74

**Chapitre IX - Colonisation, colonialisme
et emprise psychique 77**

Les effets subjectifs de l'emprise coloniale 78
Le patriotisme à l'excès 79
La tragédie du colonialisme 80
Colonialisme, libéralisme et néo-libéralisme
globalisés 80
Conclusion 81

Quatrième partie
Le traumatisme subjectif et objectif
du colonialisme en Algérie 83

Introduction 83

**Chapitre IX - Le racisme vis-à-vis des harkis
et des migrants algériens 85**

**Les sociétés du sacré déclinent,
mais se maintiennent**...86

Chapitre X - Le rejet français des pieds-noirs 89

**Chapitre XI - Pieds-noirs, Harkis, Algériens :
un vécu douloureux pour les parents
et les enfants**...91

    Conclusion 93

Épilogue 95

Bibliographie 99

Prologue

Apatrié est un terme nouveau – un néologisme si l'on veut – qui peut désigner un individu, un groupe, contraint à l'immigration, quelle que soit la situation économique de son pays, en changeant de nationalité ou en gardant la sienne. Un événement politique, aux deux sens du terme politique (par exemple guerre, dictature, totalitarisme) chasse un individu de sa patrie, du pays où il est né. Ne lui est laissée, après l'en avoir privé, qu'une reconnaissance officielle, mais non sociale ni politique au sens du politique, de sa nationalité d'origine. Celle-ci peut être, avec la colonisation et le colonialisme, celle du pays où il vient vivre.

Avant même de tenter de cerner la distorsion que subit éventuellement le statut politique au sens de la politique, il semble nécessaire de définir d'un peu plus près ce qu'est *le politique*. Il tient à la subjectivité de l'individu singulier, à son rapport à l'autre, donc à celle de l'individu en groupe et du groupe d'individus. Le politique est, toujours, chez les humains, éprouvé, ressenti, vécu subjectivement et implicitement (terme utilisé pour éviter le terme d'inconscient, qui risque de n'être pas compris, voire refusé). C'est tout ce ressenti, éprouvé, vécu par tous les humains à toute époque et en tout lieu. Les philosophes du droit naturel, suivis de ceux des Lumières, ont transformé, sous l'influence du protestantisme, le Dieu sacré catholique en Être Suprême Horloger, mais non créateur.

Jusqu'aux révolutions américaine et française, toutes les politiques au sens de la politique étaient sacrées, sacralisées. Le droit naturel et la philosophie des Lumières, les explorateurs, Rousseau redécouvrent, sous le terreau des religions et des sacrés, les repères limites ou les invariants anthropologiques qui sont ceux des êtres humains vivant en commun.

C'est seulement au sens de *la* politique que l'égalité est explicitée par Clisthène sur l'agora athénienne ; mais les êtres humains, hommes et surtout femmes, ne l'avaient pas attendu, pour savoir, au moins subjectivement et implicitement, ce qu'était l'égalité.

Le politique, ce sont les repères limites auxquels les êtres humains, jusqu'à maintenant, ont fait implicitement ou explicitement référence, suffisamment pour s'entendre et s'aimer sans se confondre (par l'endogamie, par exemple, comme Lévi-Strauss en a montré le risque, celui de leur propre disparition), et pour s'opposer sans se massacrer, comme l'ont montré Marcel Mauss, Alain Caillé et la revue du MAUSS.

Il peut y avoir distorsion subjective et objective entre le statut politique d'un individu et du groupe auquel il appartient, c'est-à-dire leur type d'appartenance officielle (au sens de la politique), à une société, et la manière dont ils peuvent se percevoir et se reconnaître, l'individu dans sa propre subjectivité et singularité, l'individu en groupe ou le groupe d'individus dans leur subjectivité sociale.

Max Weber, dans *Économie et société*, à propos du sentiment d'appartenance, écrit qu'» un ordre politique ne peut prétendre à la légitimité que si les citoyens s'orientent selon les représentations (le symbolique articulé) qu'ils se donnent de cet ordre » (Weber, 2003 (1922)). Encore faut-il que cet ordre ne soit pas présenté d'avance comme légitime.

Or, en ce qui concerne les populations qu'il s'agit d'aborder ici – les harkis et les pieds-noirs, les colons riches, les Algériens, les soldats engagés ou du contingent, ceux qui font leur service militaire, c'est l'ordre colonial (colonialiste) qui prévaut et est, d'emblée, mis en référence aux éthiques, aux morales, aux idéologies qui cessent de s'articuler aux repères limites tels que l'égalité, la liberté, la responsabilité et la justice, devenus illégitimes.

Quant au sujet de droit, il ou elle peut, comme le montre Foucault, disparaître comme tel(le) par l'assujettissement, mais sa subjectivité, qu'il/elle soit sujet de droit ou assujetti(e) (sujet sans droit), elle, ne disparaît pas (Foucault, 2001 (1994)). Elle ne disparaît pas, non plus, pour l'individu(e) en groupe et pour les groupes d'individu(e)s.

Que l'on prenne le cas des Palestiniens, des Kurdes ou encore des Tchéchènes, la distorsion subjective et objective perturbe leurs existences.

A chaque cas, elle prend une signification constante, mais indéterminée, vécue, ressentie, éprouvée et, en l'occurrence, explicitée par la langue. Mais, au niveau du sens, les différences et variations peuvent se manifester.

Dans le cas des Tchéchènes, c'est la signification d'un espace qui est en jeu. Les Russes veulent annexer définitivement la Tchétchénie à la Russie. Les Tchéchènes veulent l'indépendance de leur territoire. Cette signification et ces rapports à un espace n'ont rien de nouveau. En revanche, il y a, du côté russe, une différence de sens par rapport au côté tchétchène. Que l'on sache, ce n'est pas le président tchéchène, mais le dictateur russe qui a dit qu'» il poursuivrait (l'ennemi) jusque dans les chiottes ».

Douze millions de Kurdes sont tolérés en Turquie depuis les accords Sykes-Picot de 1918. Ceux qui sont en Irak sont considérés par les Irakiens comme des Irakiens. Ceux qui sont en Syrie sont Syriens pour les dictateurs de la famille El Assad. La signification de leur statut politique imposé est constante et indéterminée, mais le sens de leur ressenti, de leur éprouvé, de leur vécu peut varier selon les pays. Leur statut politique ne peut changer que si les nations concernées leur reconnaissent leur indépendance territoriale, citoyenne et nationale, ce qui correspond sommairement à une définition du statut politique.

Pour les Palestiniens et les Druzes israéliens qui demeurent sur le territoire d'Israël, la signification de leur statut territorial ne change pas d'espace. Du point de vue des sens et du sens, il est ressenti, vécu, éprouvé par ces populations d'une manière différente, puisque leur statut politique (au sens du politique) est constitué et considéré comme inférieur à celui des Israéliens. Pour autant, ce statut se veut, pour les populations concernées, du point de vue de son sens, comme un frein à l'indépendance que réclament les populations qui ne se reconnaissent pas dans la citoyenneté qui leur est imposée.

Si ces exemples des Kurdes, des Druzes, des Palestiniens, et des Israéliens sont donnés ici, c'est pour montrer la vérité du sens, pour ces populations, du statut politique (au sens de la politique) qui leur est imposé. Toutefois, la signification constante et indéterminée de leur statut montre qu'elle est toujours propre à l'espace territorial.

C'est à partir de ces exemples contrastés du point de vue du sens, ayant une signification constante et indéterminée, qu'il est possible de se poser des questions sur un objet de recherche qui mobilise au plus près trois populations, toutes originaires de l'Algérie : les pieds-noirs c'est-à-dire des individus et des groupes principalement français, mais, aussi, des Maltais, des Espagnols, des Italiens et des juifs non israéliens. Partant de leur pays d'origine, ils ont migré, pour les Européens, sur le territoire algérien, sur une période qui va de la fin de la conquête, juste avant 1848 (la Deuxième République) jusqu'à 1852 (le Second Empire), puis jusqu'en 1962 (les accords d'Évian).

La grande question – sur ces trois populations prises comme objet commun de recherche ne peuvent guère être réellement séparées dans l'analyse, même si chacune de ces populations a ses spécificités – est la suivante : qu'est-ce qui fait venir ou, pour les Juifs qui étaient déjà là depuis deux millénaires et demi, qu'est-ce qui fait rester en Algérie, ces trois populations ? La réponse rapide est : la colonisation et le colonialisme. Les deux auteurs en font la base de leur hypothèse. Pour autant, comment, pourquoi, durant la longue période qui couvre l'occupation du pays, ont-ils pu choisir d'y venir, s'y établir et vouloir y rester, tant qu'une bonne partie de la population locale, les Algériens devenus peu à peu le peuple algérien, ne les a pas, par une longue et dure guerre, chassés de leur/son territoire ?

De cette tentative de questionnement princeps, si l'on peut dire, faite à l'objet de recherche par un psychanalyste encore jeune (ST), et un vieux sociologue un peu anthropologue qui fut d'abord juriste (LMB), découlent d'autres questions à formuler au plus près de ces populations et de celle qui devint leur ennemie.

Dans le cas de la décolonisation en Algérie, est-il possible de définir un subjectif de l'apatrié(e), c'est-à-dire de celui ou de celle qui ne se reconnaît et n'est plus reconnu(e) ni dans sa propre patrie (les pieds-noirs), ni dans son ancienne et dans sa nouvelle patrie (les harkis et leur famille) ? Si cette définition est possible, le subjectif de l'apatrié peut-il être dissocié du contexte historique de l'Algérie française d'avant la guerre d'indépendance, de celui de la guerre elle-même tant du côté algérien que du côté français et de celui de l'après-guerre d'Algérie avec son exode massif de populations d'origine européenne ou juive séfarade ?

Peut-il être dissocié de celui des harkis, c'est-dire des militaires algériens combattant dans l'armée française et de leur famille, de celles et ceux demeuré(e)s en Algérie après la guerre, enfin des migrants algériens, anciens et actuels qui, soit auraient voulu, voudraient, mais ne peuvent garder leur nationalité d'origine, n'étant plus reconnu(e)s par leurs concitoyens et concitoyennes, soit, étant en butte au racisme anti-arabe, acquérir la nationalité et la citoyenneté française ? Du subjectif de l'apatrié, notamment pied-noir, ne peut-on dire qu'il est en quelque sorte l'effet *post mortem* de la politique colonialiste française, puis d'une guerre poursuivie avec acharnement, à partir de 1954, par les autorités de l'État ? La détresse subjective et objective d'individu(e)s pieds-noirs et harkis n'y trouve-t-elle pas ses fondements, autant que le désarroi de migrants algériens anciens ou actuels ?

L'idée défendue par les deux auteurs est que la colonisation en Algérie, qui s'est faite plus tôt que dans d'autres régions d'Afrique, avait ceci de particulier que l'Algérie était considérée comme trois départements français, où n'étaient pris en compte que les citoyens français. *Comme toute colonisation, elle était aussi bien subjective qu'objective.* Autrement dit, si les appareils administratifs coloniaux se mettaient en place pour gouverner les Français migrants ou expatriés, et les étrangers devenus citoyens français, l'Algérie, plus que tout autre pays dans l'ensemble des pays colonisés par la France, était dénommée comme faisant partie de la France et de l'Empire français. Celles et ceux qui ont connu les aléas de la décolonisation et de la guerre d'Algérie ont une subjectivité bouleversée : ces individus exilés se sentent, pour certains et certaines, malgré un statut politique maintenu ou acquis, étrangers à la France, étrangers en France. Au-delà des clivages communautaires habituels, les divergences et les convergences de leurs expériences se manifestent entre les différentes catégories d'exilés.

ST a réalisé une enquête, en interrogeant une vingtaine de personnes, pieds-noirs, harkis, migrants algériens ou leurs descendants directs, sur une période de plus de trois ans. LMB a été mobilisé pour la guerre d'Algérie. Son témoignage et un travail sur documents viennent compléter ceux recueillis sous la forme de récits de vie, dans le fil directeur de l'enquête : observer les aléas de subjectivités confrontées à la décolonisation et au colonialisme.

Sont abordées les subjectivités des diverses populations présentes à l'époque coloniale en Algérie, puis les conséquences de la colonisation et du colonialisme comme système politique dont les incidences sont aussi subjectives. Enfin, le traumatisme infligé aux populations par le colonialisme, sans qu'il puisse être reconnu et nommé comme tel.

Première partie
La subjectivité éprouvée des populations

Introduction

La conquête de l'Algérie n'était pas prévue. Elle fut décidée et menée à sa fin par le roi Louis-Philippe ; mais c'est Napoléon III qui, par le statut politique qu'il donne à l'Algérie, inaugure, en Afrique, un colonialisme nouveau, celui du type de société moderne. Ce statut a ses spécificités. La France n'a pas prétendu transformer tous les pays qu'elle a colonisés en un prolongement d'elle-même, aux dépens des populations autochtones. Les subjectivations et désubjectivations, dont ST donne une première théorisation, vont être marquées par l'oppression, tant du côté des oppresseurs que des opprimés.

Chapitre I
États des lieux de l'Algérie coloniale et colonialiste

Cet état des lieux se caractérise successivement, de 1848, date de la fin de la première guerre d'Algérie, jusqu'aux accords d'Évian (1962), par cette première guerre, suivie, en 1954, trente ans après, par une seconde guerre d'Algérie. Celle-ci entre dans les conflits nés de l'opposition à la colonisation et au colonialisme. Mais l'occupation de citoyens français sur le territoire algérien, à partir de 1860, semble inaugurer, d'une manière spécifique, le statut politique du colonisateur-oppresseur et le non-statut du/de la colonisé(e) opprimé(e).

La première guerre d'Algérie

Le débarquement de troupes françaises à Sidi Ferruch, près d'Alger, fut décidé par Charles X et son Premier ministre Polignac en 1830, pour venger l'honneur de la France insulté en la personne de marchands français d'origine corse.

Ces marchands avaient reçu officiellement du Sultan d'Alger un coup d'éventail. En réalité, ils en reçurent plusieurs du Sultan, furieux, descendu de son trône. L'éventail les souffleta vigoureusement. Ces marchands, eux, n'avaient pas honoré des contrats conclus avec le Sultan.

La révolution de 1830 mit fin au règne de Charles X, remplacé par Louis-Philippe. Ce dernier décida d'occuper l'Algérie. Le général Random, coiffé du duc d'Aumale, l'un des fils du nouveau roi, fut nommé pour commander les troupes. Il remplaçait le général de Bourmont, l'un des traîtres de Napoléon avant Waterloo, qui partit, pour quelques années, en exil, n'osant rentrer en France.

Random fit aux Algériens une guerre à outrance, ne reculant devant aucune cruauté. Il avait comme adversaire Abdelkader qui n'était pas un militaire, mais un théologien de l'islam. L'émir tint néanmoins, pendant presque vingt ans, contre Random et son successeur, le général Bugeaud, tout aussi cruel, malgré sa réputation de général paysan. Il fit, par exemple enfumer et mourir étouffés des combattants algériens qui s'étaient réfugiés dans une grotte. La prise d'Abdelkader, après celle de sa smala, et son emprisonnement au château d'Amboise (où mourut l'un de ses enfants) mettent fin à la première guerre d'Algérie.

La France face à la découverte de nouveaux territoires

La politique de la France depuis le XVIe siècle, lorsqu'elle découvrait un territoire, pouvait consister à laisser des migrants français s'établir sur le territoire découvert, ce qui fut le cas pour une partie du Canada, qui devint l'actuel Canada français, indépendant de la France et relativement autonome par rapport au Canada anglais. Ce qui fut aussi le cas de l'Inde. La France s'était établie dans le sud de l'Inde. Lorsque les Anglais conquirent le pays, qui devint un dominion, la France garda, jusqu'en 1954, ce qu'on appelait les comptoirs de l'Inde.

Il est difficile de parler de colonialisme avant la découverte de l'Afrique subsaharienne, bien que les Pays-Bas en Indonésie, les Portugais en Angola, et les Espagnols en Amérique centrale et du Sud en aient été fort proches. Par exemple, les Espagnols, après avoir massacré les Amérindiens des Caraïbes, les remplacèrent, dès le XVIe siècle, par les esclaves de la traite, c'est-à-dire des êtres humains comme eux, raptés dans leur propre société et vendus par des despotes africains locaux dans des comptoirs le long de la côte Atlantique, où s'approvisionnaient aussi en humain(e)s-esclaves les pays du Maghreb devenus musulmans. Les cargaisons d'esclaves de la traite transitaient par l'Europe, enrichissant au passage des familles bourgeoises – anoblies ou non anoblies – de Nantes et de Bordeaux. Les cargaisons allaient ensuite en Amérique centrale, puis en Floride et en Virginie, dans les États du sud des États-Unis.

On peut dire, sans grand doute, que Napoléon III, en négociant avec Abdelkader, sorti de sa prison-château d'Amboise, le futur statut politique de l'Algérie, inaugure, sans le savoir et d'une manière spécifique pour ce pays, celui du colonialisme moderne. Abdelkader se retire à Damas, où il défendra, lors d'une révolte des Syriens, les intérêts de la France.

Les populations de l'Algérie conquise

Les populations de l'Algérie sont les Algériens ; les Français qui y viennent, y restent et y fondent une famille ; les Juifs séfarades qui sont là depuis deux millénaires, plus précisément depuis la chute de Jérusalem en l'an 70 ; enfin les Maltais et les Espagnols qui migrent de leur pays pour s'y établir, également des Italiens, Allemands et Polonais.

Les Algériens sont là depuis des millénaires, d'abord les autochtones berbères, soumis aux Romains, brièvement aux Vandales, puis après la conquête arabe, Algériens musulmans, enfin, après la prise de Constantinople en 1453, sujets du Sultan. Mais, après la conquête française, ils n'apparaissent plus politiquement (aux deux sens du terme) comme population de l'Algérie.

Le statut politique des Français migrants et de ceux d'origine étrangère

Ce qui caractérise le statut politique, au sens de la politique, qui leur est donné par le gouvernement français impérial, c'est le creusement d'*un fossé quasiment infranchissable entre les Algériens et les autres populations.*

Pour ce faire, dès 1860, l'Algérie est considérée d'emblée comme une sorte de prolongement du territoire français, et divisée en trois départements dont les chefs-lieux sont Oran, Alger et Constantine. Les Français(e)s qui y viennent, y vivent, y naissent sont citoyen(ne)s français(e)s avec tous les droits afférents à ce statut. Les étrangers qui ne retournent pas dans leur pays peuvent devenir citoyen(ne)s français(e)s.

Du temps du sultanat ottoman, les Juifs avaient un statut inférieur à celui des Algériens sujets du Sultan. Ils et elles étaient des dlimi et le demeurèrent jusqu'au décret Benjamin Crémieux, au début de la troisième République, le 24 octobre 1870. Il sera modifié par la loi du 7 octobre 1940 contre les Juifs, modification abrogée, ainsi que la loi de 1940, à la Libération. Il n'en sera pas question ici, leur cas demandant une étude à part.

(*cf.* Allouche-Benayoun Joëlle et Bensimon Doris, *les juifs d'Algérie hier et aujourd'hui*).

Quant aux Algériens qui ont été d'abord les autochtones berbères, ils ont connu l'occupation des Romains, puis des Vandales venus de la Germanie, la conquête arabe au VIIe siècle de notre ère, puis celle ottomane pendant quatre siècles, enfin celle française.

Dès le début de l'occupation française, ils n'ont, individuellement et collectivement, ni la nationalité française, ni, à proprement parler, de nationalité, ni de statut politique (au sens du politique et de la politique).

Ils sont régis par ce qu'on appelle le code de l'indigénat qui les réduit en servitude.

Les populations française, juive, maltaise, espagnole, voire italienne, allemande et polonaise n'en font plus qu'une. Leurs membres sont soit des agriculteurs sur des superficies variables octroyées par la départementalisation, soit des petits commerçants ou des petits fonctionnaires.

Dans cette population, les gros colons sont propriétaires de grandes superficies dont ils se sont emparés plus ou moins légalement avec l'appui de l'État français. Ce sont eux qui, après s'être cramponnés à une Algérie qu'ils disaient française, sont partis, avant même les accords d'Évian, pour devenir propriétaires de grandes exploitations agricoles dans le sud-ouest et le sud-est de la France, ou en Amérique du Sud, ou ailleurs.

Une partie de la population est dite « française de souche ». Ce terme raciste est employé ici comme connu de la population française. Il distingue les Français(e)s né(e)s en France, puis en Algérie.

La population algérienne est la plus nombreuse : neuf millions d'Algériens face à un million de Français venus de France, puis nés en Algérie et de Français d'origine étrangère. Dans l'ensemble des pays colonisés, l'Algérie, plus que tout autre pays colonisé, est dénommée l'empire. C'est sur cet empire que le général de Gaulle s'appuya, le 18 juin 1940, pour continuer la guerre.

L'après-guerre d'Algérie connut un exode de la population européenne et Juive séfarade. Il ne peut être dissocié de celui des harkis, c'est-à-dire des militaires algériens combattant dans l'armée française, et de leurs familles, de celle et de ceux demeuré(e)s en Algérie, de celles et de ceux qui ont fui en France, ni des migrants algériens anciens et actuels qui veulent soit garder leur nationalité et leur citoyenneté d'origine, soit prendre la nationalité et citoyenneté françaises.

Jean-Paul Sartre avance l'idée de la « sous-humanité » des colonisés, « maintenus, par un système oppressif, au niveau de la bête ». Le colonialisme s'appuie sur le déni du droit et le rejet de la culture autochtone, contraires au respect des droits humains paradoxalement proclamés par la France. (Sartre, 1961). Dans *le colonialisme est un système*, discours prononcé le 24 janvier 1956 salle Wagram à Paris, Sartre prend position en faveur de la décolonisation et de l'indépendance de l'Algérie. Au couple oppresseur-opprimé récurrent dans l'ensemble des articles sartriens, se trouve corrélé ici, implicitement, le couple colonisateur/colonisé. L'oppression coloniale et colonialiste paraît à la fois économique et idéologique, et la thématique de la « sous-humanité » demeure au centre des articles que Sartre consacre à la guerre d'Algérie (Mathieu, pour *Le Monde diplomatique*, 2004). (*Cf.* les numéros juillet-août 1957 et avril 1962 de la revue *Les Temps modernes* et le recueil *Situation V*, Gallimard 1964).

Le statut politique des pieds-noirs s'avère, lui aussi, piégé, comme nous tenterons de le montrer plus loin.

On le voit, le statut politique de l'Algérie est conçu, après la conquête par la France nation étrangère, et très vite imposé, puisque ce statut date de 1860, pour des Français(e)s venu(e)s, puis né(es) en Algérie et pour des étrangers à la France et à l'Algérie. Il est agencé de telle sorte – et, plus tard, souvent reproduit – que les propriétaires attestés du pays, les Algériens, après la fin du sultanat et la conquête française, n'ont aucune nationalité, n'ont plus de statut politique (au sens du politique et de la politique) de sujets du Sultan, et n'en reçoivent pas d'autre. Ils sont les serfs, sans perspective d'affranchissement, les asservis par de gros colons qui s'établissent, à leurs dépens, sur le territoire. Sauf ceux qui parviennent à se faire petits commerçants ou artisans, ils sont les serviteurs et les servantes des Français(e)s, venu(e)s de France, puis né(e)s en Algérie, et des étranger(ère)s devenu(e)s citoyen (ne)s français(e)s. Le système d'oppression, dont parle Sartre, fait de la plupart d'entre eux, le racisme y aidant, une sous-humanité au niveau de la bête. Le couple oppresseur /opprimé se trouve, ici, corrélé avec celui de colonisateur et de colonisé. On peut en donner un simple exemple : dans l'hôpital psychiatrique que dirigeait le psychiatre Antoine Porot, l'auteur d'un manuel de psychiatrie raciste, les infirmiers français frappaient à coups de bâtons les patients algériens, comme a pu en témoigner une malade française.

Chapitre II
Subjectivation et désubjectivation

Nous appelons « subjectivation » le processus fondamental de la subjectivité en devenir. Comme telle, elle désigne le mouvement de la vie psychique, processus infini qui correspond au fait de devenir sujet, au travers d'une élaboration psychique continue, sans cesse renouvelée et modulée.

Le subjectif et l'objectif

Jean-Paul Sartre affirme que la subjectivité est indispensable à la connaissance du social. Il s'agit d'éviter de fondre le subjectif dans l'objectif ; c'est pourtant ce que font beaucoup de chercheurs et de chercheuses, notamment en sciences sociales, qui le rendent ainsi inanalysable en réduisant les êtres humains au statut de personnages interchangeables. Sartre invite à saisir la subjectivité, pour comprendre comment les conditions objectives sont vécues, puis intériorisées (Sartre, 2013 (1965)).

La subjectivation comme processus

Dans son cours au Collège de France, Michel Foucault propose de penser le processus par lequel l'individu est amené à se reconnaître comme objet de son désir, de sa parole et de sa propre existence : ce processus est une définition précise de la subjectivation, « questionnement permanent et inquiet sur ses émois intérieurs, verbalisation infinie de son intimité ». La subjectivation correspond à « l'allant-devenant du désir » ou à « l'allant-devenant soi » de Françoise Dolto (1984). Dès 1960, Nicolas Abraham et

Maria Torok, puis Nicholas Rand (Rand 2010), désignent la subjectivation comme appropriation subjective de soi, de ses expériences vécues et de son existence (Abraham et Torok,1978). Ils mettent en évidence l'importance fondamentale de la dynamique subjective vivifiante de la création de soi. Cette approche ouvre à l'écoute du sujet, à la dimension poétique du langage, à un accueil des affects et à une attention particulière portée à l'histoire généalogique de chacun et chacune. Les auteurs insistent pour que les commentateurs, quels qu'ils soient, évitent de généraliser leurs découvertes : chaque histoire est singulière et chaque être humain unique.

Ainsi, le sujet est « processuel », inachevé et multiple, continûment en voie d'advenir. En ce sens, fondée sur l'émergence de l'éprouvé subjectif de soi, la subjectivation désigne un processus, en partie inconscient, grâce auquel une personne peut se reconnaître dans sa façon de donner du sens à ses expériences de vie en les symbolisant. La subjectivation peut donc être considérée comme le *processus permanent de la production de soi*, dans les deux sens de « rendre subjectif » et de « devenir subjectif ».

La désubjectivation

Dans cet ouvrage, elle sera étudiée comme conséquence d'une catastrophe, au sens large. Nous l'avons dit, la subjectivation désigne les processus par lesquels l'individu est amené à se reconnaître comme sujet de son désir, de sa parole et de son histoire.

La désubjectivation est ce qui empêche, entrave, plus ou moins durablement, ces processus de reconnaissance par lui-même de l'individu comme sujet.

La resubjectivation rend de nouveau ces processus possibles.

La subjectivation est profondément perturbée par les traumatismes graves, les catastrophes, les phénomènes d'emprise. Ainsi en est-il de la colonisation, puis – diversement – de la décolonisation (Tomasella, 2018).

La désubjectivation comme conséquence d'une catastrophe

La subjectivation est entravée par la catastrophe ; mais, contrairement au traumatisme individuel qui touche directement et principalement le sujet, la catastrophe inscrit d'emblée dans la dimension collective la multiplicité de ses chocs destructeurs et la variété de ses effets dévastateurs. Les autres, aussi, autour de soi, sont dévastés et cette dévastation impacte, à son tour, le sujet, dans la durée.

Nous avons pu découvrir un phénomène particulier, que nous appelons « disfraction », résultant de la combinaison de l'effraction et de la dissociation. En effet, l'expérience clinique des catastrophes permet de mieux comprendre les phénomènes de désubjectivation, ces moments où le sujet s'exile de lui-même au risque de se perdre, de quitter ses contours et ses repères :

- L'effraction, qu'elle soit lente et insidieuse ou franche et soudaine, produit une hémorragie psychique par l'ouverture d'une brèche dans les ressources protectrices du sujet.

- La dissociation, avec ou sans anesthésie affective, déconnecte le sujet de son corps, donc de ses sensations, de ses perceptions et de sa participation engagée, effective, à la vie réelle.

- Le clivage appauvrit radicalement le sujet de la partie de la personnalité corrélée au trauma, au sens large, c'est-à-dire ce qui reste non envisagé, donc non élaboré et encore non pensé.

La « disfraction » est une figure de la désubjectivation qu'elle entraîne avec elle, dès le surgissement de l'horreur, parfois bien au-delà. Elle concerne autant l'individuel que le collectif.

Ainsi, la colonisation, puis la décolonisation de l'Algérie provoquèrent un système catastrophique en cascade pendant plusieurs décennies. Elles eurent, comme conséquence, non seulement la désubjectivation catastrophique du sujet, mais aussi, pour un long temps, celle des autres autour de soi et de leurs communautés d'appartenance.

Conclusion

Le statut politique donné à l'Algérie et à ses populations se révélera invivable à long terme. Ce que nous appelons le » fossé infranchissable » entre la population réellement propriétaire du pays et celle qui se l'adjuge, exclue toute possibilité d'accord durable. On peut dire que, dès le départ, le problème posé de l'octroi du statut par le gouvernement impérial, et son maintien par les gouvernements successifs de la IIIe et de la IVe Républiques, était insoluble et ne pouvait être résolu que par une négociation à parité, sinon par la force. Ce schisme produit, déjà, inévitablement, une situation catastrophique invisible, désubjectivante en elle-même, qui deviendra source de conflits de plus en plus violents, entre communautés et, parfois même, au sein de chaque communauté.

Deuxième partie
Coexistence de trois communautés humaines disparates

Introduction

Il nous semble essentiel de mettre en évidence le vécu difficile des populations en présence. Ce sont trois populations que nous analysons ici : les pieds-noirs, les harkis et les réfugiés-exilés algériens. Nous tentons d'abord de les connaître dans leur vie avant et pendant la guerre, puis de mieux saisir les désubjectivations et resubjectivations qu'ils vivent eux-mêmes et leurs descendants, en France, après la guerre d'Algérie.

Chapitre III
Les pieds-noirs

Le statut du pied-noir est en contradiction avec la réalité. C'est un statut politique qui lui permet de vivre comme il vivrait en France ou dans le pays européen dont il est originaire.

L'Alger d'origine, d'avant la conquête, c'est la Casbah, où vit la population de la ville, les palais du Sultan dont l'un se trouve à Bab-el-Oued, à l'Ouest, et la Grande Mosquée qui est hors du coteau où se situe la Kasbah. Au bas du coteau, elle a été construite dans un creux. Tout autour de ce creux, se sont établis des restaurants. Les rues de l'ancienne ville qui descendent vers la mer n'ont guère changé, depuis le temps où Jean Gabin, dans *Pépé le Moko*, y courait.

Dans la campagne, les populations de petits paysans et de bergers se regroupent dans les mechtas où chacun a sa cabane en bois, abritant le couple et ses enfants. Un marché se tient, dans la semaine, où se vendent, à petit prix, des fruits, des légumes, de la viande de mouton.

À Alger, à Oran, la ville européenne s'est construite peu à peu ; séparée, à Alger, de la Kasbah ; à distance, à Oran, des mechtas et des habitations algériennes. De petites villes (Afreville ou Miliana, par exemple) ou des villages (Littré) se sont construits sur le modèle français, avec l'église, au bout de la rue centrale. Ils et elles sont peuplés de petits agriculteurs, commerçants, fonctionnaires (facteur, postier) français. Les écoles de village enseignent aux petits Français jusqu'au secondaire, comme en France. Puis ils vont, pour certains et certaines, au lycée, dans les villes. Les petits et jeunes Algériens vont à l'école coranique.

Il existe une contradiction absolue et insoluble entre le statut politique des pieds-noirs en Algérie et le non-statut des Algériens durant la période coloniale.

Le patron de bistrot, au village, dont la famille est venue d'Auvergne, est en très bonnes relations avec l'épicier algérien qu'il a connu dès son enfance. Il le fréquente et discute avec lui. Lorsque l'autre s'en va, il lui arrive de lancer, perplexe : » Que voulez-vous, ces gens-là ne sont pas comme nous ». La même phrase fut adressée par de Gaulle à une secrétaire d'État, d'origine algérienne, en Conseil des ministres ; mais il avait dit aussi : » Un pays qui se bat pour son indépendance mérite de l'obtenir ». Dans *Mémoires d'Espoir*, il dit son émotion, lorsque, dans l'une de ses nièmes tournées en Algérie, après les discours officiels, un instituteur algérien s'avance vers lui et murmure, les larmes aux yeux : » Mon général, tout ce qu'on vous raconte, c'est de la blague. Ce que nous voulons, c'est être indépendants ».

Il y eut des camaraderies, des amitiés, des amours, comme le racontent les romans d'auteurs algériens. Il n'y eut pas, ou si peu, d'unions matrimoniales, comme c'est, aujourd'hui, le cas en Colombie, où, grâce à Las Casas et au colloque de Valladolid au milieu du XVIe siècle, de riches planteurs espagnols épousent des femmes d'origine amérindienne.

Le statut du rapatrié d'Algérie, de celui ou celle que nous nommons apatrié(e), ne correspond pas à ce que les pieds-noirs ont vécu lors de leur départ d'Algérie et de leur arrivée en France. Dans les générations qui ont connu l'exode, ils ne se sentaient pas français, mais en exil forcé, étrangers à la France.

Leurs enfants, eux, lorsqu'ils arrivèrent jeunes et furent scolarisés en France, purent se sentir alors en conflit de loyauté avec leurs parents demeurés fidèles à l'Algérie française, alors qu'eux-mêmes, après-coup, s'y opposaient et se sentaient français.

La plupart des Français(e)s venu(e)s, puis né(e)s en Algérie et celles et ceux d'origine étrangère devenu(e)s français(e)s proclamait, surtout pendant la guerre d'Algérie : « l'Algérie c'est la France » ; mais l'Algérie n'était pas la France. Elle était un pays francisé de force et, de ce fait, ayant sa spécificité dans le colonialisme moderne qui s'inaugurait. Il faisait peser, sur les populations autochtones, le poids de son oppression, que ces populations fussent profrançaises ou anti-françaises. Les débats inlassables sur les Berbères à distinguer des Arabes algériens n'apportaient aucune solution au problème du statut, qui demeurait le même pour les deux communautés. Les Berbères, musulmans, se reconnaissaient Arabes.

Les pieds-noirs ont payé lourdement le prix de ce colonialisme spécifique dont ils n'étaient pas responsables, mais auquel, depuis presque cent trente ans, ils avaient cru, et auquel certains avaient participé.

Les pieds-noirs parlent répétitivement de leur vie en Algérie, en évoquant uniquement ce qui s'est passé avant la guerre, ce qu'ils ont vécu avant l'indépendance. Ils parlent très peu de leur départ et de leur arrivée en France ; c'est une des marques profondes de leur désubjectivation. Annie Benveniste a observé le même phénomène chez les judéo-espagnols à Paris, après leur fuite de Turquie. Seul l'affaiblissement du grand âge peut venir à bout du barrage contre le reflux des souvenirs.

Chapitre IV
Les harkis

Sauf pour ceux qui revinrent en France avec des familles françaises, ou protégés par l'armée française, leur sort fut tragique.

Les anciens combattants algériens de la guerre 14-18, ceux de la guerre 39-45, avaient leurs propres associations, distinctes de celles de la population française qui avait les siennes pour ses anciens combattants des deux guerres.

Pendant la guerre d'Algérie, un certain nombre d'anciens combattants qui s'était battu pour la France ne se rallia pas à la cause de l'indépendance. Leur subjectivité spécifique est à prendre en considération.

De jeunes Algériens ne voulurent pas être « fellaghas » (bandits en arabe), c'est-à-dire membres de la population destinée aux combats par le FLN. L'une des raisons qui provoquèrent l'engagement de jeunes Algériens dans l'armée française fut celle que donnaient, sur place, des camarades harkis : les hommes du FLN avaient tué leur famille – souvent des petits fermiers ou de petits commerçants –, parce que ces derniers n'avaient pas payé la taxe de guerre.

Dans l'unité où LMB se trouvait, l'un d'eux, un jeune harki, un soir, couché sur son lit, pleurait. Des soldats français de la chambrée lui demandèrent pourquoi il pleurait. Il expliqua péniblement qu'une prostituée – il l'appelait « la femme au caoutchouc » - avait exigé qu'il mette un préservatif, ce qui l'avait humilié. Pris entre le rire gêné et la compassion sincère, les soldats autour de lui s'efforcèrent de le consoler.

Dans cette unité, les harkis n'étaient pas armés : il leur était interdit d'être armés. Ils montaient la garde sans arme, avec tous les risques que cela représentait, notamment celui de se faire descendre sans pouvoir se défendre.

Certains harkis, soupçonnés d'espionnage, faisaient partie de la fameuse et sinistre « corvée de bois ». Ils allaient, en camion, chercher du bois dans la forêt, sous la conduite de militaires français et n'en revenaient jamais.

Les harkis, pour un certain nombre d'entre eux, se sentaient plus français qu'algériens. Lorsqu'ils en eurent la possibilité, ceux-là vinrent en France. Les autres, ceux qui ne purent pas quitter l'Algérie et ceux qui voulurent y demeurer y restèrent nécessairement, à leurs risques et périls.

Lorsque la catastrophe s'abattit sur les pieds-noirs après les accords d'Évian en mars 1962, certains harkis furent emmenés par des familles françaises, au moment où elles fuyaient les fellaghas et l'OAS. Il y en eut aussi qui furent aidées à fuir par des membres de la population locale algérienne. Le gouvernement algérien, établi au Caire, ne joignit Alger qu'en septembre 1962. L'OAS attaquait les hôpitaux et abattait les partisans français de l'Algérie indépendante.

Dans le cas des harkis intégrés dans une famille française, la catastrophe fut la même pour les deux populations. Elles perdaient tout ce qu'elles avaient, ainsi que leurs morts dans les cimetières ; ce qui fut une autre source extrêmement puissante, bien que rampante, de désubjectivation invisible. Les harkis perdaient leur pays, celui qui, désormais, leur appartenait, mais où ils ne pouvaient vivre sans risquer d'être tués.

Dans cette catégorie de harkis qui quitta l'Algérie après la guerre, il y eut un certain nombre d'anciens combattants des deux guerres (1914-1918 et 1939- 1945) et ceux, nombreux, qui quittèrent l'Algérie après avoir été engagés dans l'armée. Le ministère de la Guerre avait interdit de les protéger. Dès avant le 19 mars 1962, des officiers de SAS s'étaient préoccupés de transférer en France les harkis qui étaient menacés. La directive n°125/1 GAA) du 18 mai 1962 les rappela à l'ordre. « Le ministre d'État – Louis Joxe - rappelle au haut commandement que toutes les initiatives individuelles tendant à l'installation en métropole de Français musulmans sont strictement interdites ». Une autre directive du même ministre d'État, datant du 15 juillet 1962, énonça que » les supplétifs débarqués en métropole en dehors du plan général, seraient renvoyés en Algérie ». Les officiers SAS affirmeront : « Nous avons perdu notre honneur avec cette fin de guerre d'Algérie » (Le Mire ,1982). Grâce à leurs officiers, certains harkis purent néanmoins être envoyés en France.

Il y aurait et reste à étudier finement les subjectivités singulières de ces harkis, non seulement dans leurs significations, mais dans les sens qu'elles pouvaient avoir, alors qu'ils étaient pris dans les collectifs de l'armée française. Il y aurait aussi à mieux connaître les subjectivités singulières de soldats du contingent, leurs significations et les sens qu'elles pouvaient avoir, confrontées aux subjectivités des harkis, à leurs significations et à leurs sens dans l'individuel (le singulier) et le collectif.

Les harkis ne sont pas très nombreux. La première « harka » – terme arabe qui veut dire mouvement – est constituée dans les Aurès en 1954. En mars 1962, un rapport à l'ONU évalue à 263.000 les musulmans algériens profrançais, ce qui confirme l'échec de la France, en cent trente ans de présence : à peine 3 % des neuf millions d'Algériens (11 millions en1962, 43 millions aujourd'hui). Les harkis sont 58 000. Ils constituent des unités supplétives formées à partir de groupes civils d'autodéfense, parfois promus « commandos de chasse », qui comportent aussi des engagés paras et des légionnaires. Ces unités, prévues en raison d'une par secteur militaire, sont situées en Kabylie, dans les Aurès et dans l'Ouarsenis. Leur engagement n'est-il – outre le meurtre de leurs parents par le FLN pour non-paiement de la taxe de guerre – qu'un aspect des « guerres » que se livrent les familles entre elles, à l'intérieur d'un même village (un parent au maquis, l'autre dans les harkas…) ? Sans doute, un peu de tout cela à la fois. (M. Roux, 1991).

Une communauté paysanne dévastée
L'histoire des harkis est inséparable du destin subi par la paysannerie algérienne pendant la guerre d'Algérie. On connaît, par les travaux de Pierre Bourdieu et d'Abdelmalek Sayad (1963), les profonds bouleversements qui ont marqué la société rurale traditionnelle au cours de ces années de guerre : déplacements massifs de populations (plus de dix millions de ruraux), appauvrissement, désaffection marquée à l'égard de la condition paysanne, passage de l'économie d'échange dans l'interconnaissance à l'économie de marché, du libéralisme économique, dépérissement de l'esprit paysan, valorisation d'emplois non agricoles (salariés d'entreprises dans l'hégémonisme économique, petits fonctionnaires).

La fragilisation subjective et objective, née de la misère sociale et du déracinement, rend d'autant plus vif le souci de préserver son patrimoine, sa terre. Cette dimension explique, en grande partie, l'enrôlement dans les harkas, ou la montée dans les maquis de l'ALN : il faudra protéger ou retrouver sa terre. Ce qui se joue là, ce n'est pas, à première vue, l'adhésion positive à un drapeau français ou algérien. La violence, les assassinats, les règlements de compte (quelquefois à l'intérieur même de certaines familles paysannes), bref, la dynamique de la guerre, durciront ensuite les engagements, puis les comportements.

Alors commence l'engrenage. Les nationalistes algériens ont besoin de dénoncer l'existence de « collaborateurs », pour légitimer leur conception de la nation unanime. Des officiers français auront besoin des harkis, pour montrer le loyalisme des populations indigènes désormais pacifiées. Dans un cas comme dans l'autre, des paysans algériens se trouvent transformés, à leur corps défendant, en fidèles serviteurs de la France ou en traîtres absolus à la patrie algérienne. Plusieurs dizaines de milliers d'entre eux seront massacrés après l'indépendance en Algérie et l'arrivée du FLN à Alger. Certains harkis auraient été jetés dans des marmites d'eau bouillante.

D'autres rencontreront les plus grandes difficultés à s'intégrer à la société française, vivant en situation d'exclus. (Nous citons le texte de Benjamin Stora sur les harkis dans son *Histoire de la guerre d'Algérie*, p. 80 à 82.)

L'idée de Sartre est de montrer comment l'objectif est intériorisé, éprouvé, vécu par des individus et des groupes d'individus, en affectant leur subjectivité. Les populations algériennes surent, d'avril à septembre 1962, gérer leur pays, en l'absence d'État.

Par excès de nationalisme, le FLN procéda à des exécutions sommaires de harkis, comme ce fut le cas en France après la Libération (épuration). Cette intériorisation de l'objectif par le subjectif peut mener, par choix ou refus du modérantisme, au mieux ou au pire.

Chapitre V
Les Algériens migrants exilés-réfugiés

Aujourd'hui, ils gardent leur nationalité d'origine ou ils deviennent citoyens français ; mais, dans l'après-guerre de 1939-1945, la petite migration algérienne venue en France ne pouvait pas garder sa nationalité, puisqu'elle n'en avait pas. Elle venait précisément en France pour acquérir la nationalité française. Pour ceux qui viennent en France, volontairement, le problème est différent de celui des pieds-noirs et des harkis. Ces derniers ont été contraints par force de quitter leur pays.

Si les Algériens exilés-réfugiés gardent leur nationalité algérienne désormais existante et retournent dans leur pays à leur retraite, ils seront Algériens. Le problème est que, ayant vécu longtemps en France, ils sont plus ou moins reconnus par leurs compatriotes.

Les Algériens migrants-exilés-réfugiés qui viennent en France après les accords d'Évian de 1962, sont, pour beaucoup d'entre eux, recrutés par de grandes entreprises françaises. Après avoir envoyé des agents de recrutement en Algérie, ces entreprises affrètent des cars dans les gares de Lyon et d'Austerlitz à Paris, pour accueillir les recrutés et les conduire en banlieue dans des sortes de caves-dortoirs gérées par des migrants exilés arrivés avant eux, qui leur faisaient payer leur place pour dormir. Le lundi qui suivait leur arrivée, ils étaient au travail, comme ouvriers, dans la grande entreprise qui les avait recrutés. Elle les payait moins cher que des ouvriers français protégés par les syndicats.

Ces ouvriers passèrent souvent de la cave-dortoir au bidonville, puis à la cité de transit. Pour la plupart, ils deviennent citoyens français. Ce sont leurs enfants et petits-enfants qu'on appelle les « Beurs ». Se posait à eux le problème que Bourdieu avait discerné dans les rapports des enfants d'ouvriers français avec l'école. À la différence des enfants de classe moyenne, ils ne parlent pas la même langue que celle de l'institutrice ou de l'instituteur. Cela constitue un désavantage évident (Bourdieu et Passeron, 1964).

Un Français d'origine algérienne, aujourd'hui ingénieur, racontait qu'en CP, l'institutrice refusait, malgré ses demandes réitérées, à répéter certaines de ses phrases qu'il n'avait pas comprises ! Elle s'y est toujours refusée et c'est son père, francophone avant lui, qui le tira d'affaire, en l'accoutumant au français.

À partir de 1974, la récession et la fin du plein emploi étaient apparemment dues aux deux crises du pétrole de 1974 et 1979. Elles virent l'élévation du prix du baril par les pays producteurs de pétrole. Ces deux crises servirent de prétextes à Reagan et Thatcher pour baisser drastiquement les impôts sur les superbénéfices des plus grandes entreprises, des multinationales et de leurs actionnaires, superbénéfices qui pouvaient jusque-là être imposés à plus de 95 %, comme le montre Piketty. L'hégémonisme économique s'accroît à partir de 1992. La disparition de l'URSS, dont le totalitarisme poststalinien et ses spécificités antilibérales économiques demeurent peu convaincantes, sont remplacées peu à peu par une globalisation du libéralisme et du néolibéralisme économiques, fondés sur l'individualisme, aux dépens du social, du culturel, en bafouant littéralement le politique tel qu'on peut tenter de le définir, sinon la politique.

La « main invisible » qu'évoquait Adam Smith pouvait encore se concevoir dans des sociétés d'avant les révolutions américaine et française. Elles étaient toutes des sociétés du sacré politique au sens de la politique et renvoyaient à Dieu, au Dieu catholique pour Turgot, à celui des protestants pour Adam Smith lui-même, enfin au Dieu des philosophes du droit naturel et des Lumières ou Être Suprême, la tâche d'adapter l'offre à la demande dans l'achat et la vente de marchandises dont la production suppose, selon les libéraux économiques, une plus-value invisible, c'est-à-dire une partie du travail de production non payée, compensée par l'adaptation divine. Si c'est Dieu qui s'en charge, dans des types de société relevant du sacré, et cela à plus ou moins longue échéance, il reste à attendre et à espérer…

Néanmoins, lorsque, au début du XIXe siècle, l'Être Suprême lui-même disparaît après le Concordat de 1800, comment, en 1806, les banquiers-entrepreneurs français et suisses qui créent des usines et une classe ouvrière importante peuvent-ils justifier la plus-value invisible, autrement dit la partie du travail de production qui demeure impayée ?

Jean-Baptiste Say, l'un de ces banquiers-entrepreneurs, contribuera à sa justification par l'équilibre qui est censé remettre en égalité approximative l'offre et la demande, et compenser la partie du travail de production non payée. Désormais il ne s'agit pas d'attendre et espérer l'intervention divine de la main invisible, mais celle d'un équilibre économique qui se ferait naturellement entre l'offre et la demande. Ce soi-disant équilibre naturel est une simple caricature de la main invisible de Dieu, renforcée par une autre caricature, celle du néo-libéralisme, où la richesse des nantis, tôt ou tard, tombera naturellement dans l'escarcelle des non-nantis. Absurde, affirmait l'historien Wallerstein. Faux, écrit le sociologue-économiste Caillé et la revue du MAUSS. La solution, tout le monde la connaît : elle est de combattre, pour mettre, dans le type de société moderne, l'économique et l'économie en encastrement (Polanyi) entre le social, le culturel, le politique et la politique.

Lutter contre qui ? D'abord combattre avec d'autres contre soi-même et son/notre propre libéralisme économique plus ou moins conscient. Ensuite ou simultanément, lutter contre la caste des tout-puissants libéraux et néo-libéraux économiques, qui se sont faits les héritiers d'une vieille perversion qui date du XVIe siècle : les enclosures. Elle consistait à dépouiller les tenanciers de leurs communs et des terres seigneuriales qu'ils cultivaient, en les remplaçant par des moutons.

En France, en 1806, les jeunes hommes, femmes et enfants, fils et filles de paysans et d'artisans, vinrent, d'eux-mêmes et d'elles-mêmes, dans les usines. Embauché(e)s au marchandage, comme le montre Claude Didry, à propos du paiement des corvées, ils et elles remplacent néanmoins, mais sans guère d'affranchissement possible, les serfs féodaux qui, avant même la Révolution, avaient quasiment disparu.

L'Algérie indépendante connaît et pratique le libéralisme économique. La moitié de la population qui a moins de vingt-cinq ans n'en tire aucun bénéfice. Quant aux Algériens réfugiés-exilés, ils se retrouvent dans les petits métiers, mais aussi dans les usines, dans des entreprises de sous-traitance où les salaires sont au plus bas. Ils connaissent la méfiance, à leur égard, la condescendance, le mépris, non seulement de classe, mais aussi de « race ».

Différences subjectives

Il s'agit de remettre dans la perspective historique actuelle cette population d'Algériens migrants-exilés-réfugiés. Ils se retrouvent pour la plupart, en France, dans les usines et dans la classe ouvrière. Ils deviennent, comme ceux et celles qui y sont déjà dans le monde entier, éléments de la globalisation économique. Ils sont, comme leurs devanciers et devancières et comme leurs actuels compagnons et compagnes ouvriers et ouvrières, colonisé(e)s et colonialisé(e)s, opprimé(e)s, aujourd'hui, partout ou presque, dans tous les pays. Que l'on nous parle des usines du Laos, du Vietnam ou du Bangladesh, de la Côte d'Ivoire, de l'Afrique du Sud, ou de l'Europe, des Amériques et de l'Asie, l'oppression est la même dans ses significations explicites et implicites (salaires, temps de travail, etc.) ; mais elles ne le sont nullement au niveau de leurs sens. Comment, par exemple, un ancien harki algérien devenu ouvrier chez Michelin peut-il vivre, éprouver, ressentir sa condition d'ouvrier OS ? Qu'en est-il, quand il s'agit d'un pied-noir ? Ou d'un(e) Algérienne migrant(e), exilé(e), refugi(é)e ?

La question est, ici, seulement posée. Elle sera reprise dans la conclusion de cette partie, toujours sous forme de question. Elle est formulée par ST, quand il repère : » Il existe une question algérienne plus large, dépendant de la colonisation, du colonialisme, de la guerre d'indépendance, de la décolonisation. Ces événements politiques ont eu des répercussions majeures sur la subjectivité de toutes et tous : Algériens harkis et migrants-exilés-réfugiés, pieds-noirs, et sur nos propres subjectivités masculines et féminines d'hommes et de femmes ».

Troisième partie
Colonisation et colonialisme en Algérie, conséquences passées, effets actuels

Introduction

Les convictions inamovibles du colonisateur colonialiste font face, chez lui, aux vécus contrastés du colonisé hors citoyenneté, subissant le non-statut de l'indigénat. Il vit dans son propre pays qu'on lui a confisqué et finit par se révolter. Les inégalités étaient manifestes, produites par la colonisation, le colonisateur et le colonialisme. Elles ont des conséquences, aujourd'hui encore, comme on a pu le voir dans les chapitres précédents, sur les subjectivités d'Algériennes et d'Algériens vivant en Algérie ou venu(e)s vivre en France. Aux rancœurs et souvenirs racontés par les anciens se mêlent l'incompréhension, la tristesse et un puissant sentiment de gâchis. Ils sont ceux aussi des chercheurs auteurs de ce livre. Cependant, ST a la distance matérielle et historique pour en faire l'analyse et, avec précisions, la justifier. LMB, plus âgé – ST n'était pas né – a fait la guerre d'Algérie, a été, qu'il le veuille ou non, complice des combattants français contraints et forcés de tuer, et des bourreaux français, ses camarades, qui torturaient. Il n'a pas tué ni torturé ; mais il n'était ni contraint ni forcé d'y aller, il pouvait facilement se faire réformer, il avait fait auparavant la grève contre cette guerre. Puisque, eux, à vingt ans, partaient, par centaines de milliers, il fit, à vingt-cinq ans, sursitaire, le choix volontaire d'aller avec eux. À ce qu'affirme ST, LMB ajoute sa colère et, saluant Mohammed Mebtoul, son encouragement aux jeunes Algériens, après cinquante-sept ans de dictature, à poursuivre leur révolte inachevée.

Chapitre VI
Les trois communautés et leurs subjectivités

Les processus de subjectivation et de désubjectivation au sein des trois communautés sont étudiés ici.

Subjectivations et désubjectivations des pieds-noirs

Au moment de l'entretien, Alba a soixante et un ans. Elle évoque la tristesse de sa mère vieillissante.

« Plus ma mère vieillissait, plus elle était triste d'avoir quitté son pays. Tout ce qu'elle n'avait pas dit pendant des années, elle l'avait gardé en elle et là, çà ressurgissait sans retenue, parce qu'elle était faible, malade, et elle en parlait beaucoup ».

Le plus souvent, le choix de se taire découle soit du refus de l'entourage de prêter attention à ce que l'exilé exprime, soit de la honte éprouvée du fait de l'exil et de la situation de précarité que vivent les exilés. De fait, lorsque les exilés expriment leurs meurtrissures, ils le font brièvement, au compte-gouttes.

Alba : » J'entends encore aujourd'hui des personnes autour de moi qui, fortuitement, expriment quelques phrases sur des épisodes de vie traumatisants qu'ils n'ont jamais pu dire. Ils restent prisonniers de leurs souvenirs ».

Roselyne, à 68 ans, confirme ce constat : « Je me suis tue... Je ne me sentais pas le droit de parler de cette souffrance. Je me sentais très seule. »

De surcroît, les jeunes de l'exil, alors enfants ou adolescents, se sont inquiétés pour leurs parents ; ce sont les épreuves qui les ont le plus marqués.

« Le vrai sentiment de catastrophe, je ne l'ai pas vécu pour moi. Je l'ai vécu à travers la déstabilisation, la dégradation et la déchéance de mes parents. (…) Mes parents se sont retrouvés en France sans argent. »

L'enfant peut vivre un conflit intérieur très vif entre la loyauté qu'il voue à ses parents (restés psychiquement en Algérie) et son vœu d'être reconnu par les jeunes en France.

Célestine (64ans) : » J'étais écartelée entre mes parents, en train de se démolir jour après jour, et ce qui se disait dans les cercles où je traînais, parce que c'étaient les gens de ma génération. J'avais envie de leur ressembler. Je me trouvais dans ce souhait que le monde soit changé, et que les injustices disparaissent. Et la colonisation était considérée comme une horreur. J'ai eu des disputes terribles avec mon père, je lui ai dit des choses horribles ».

La difficulté de vivre cette histoire partagée a généré une forme d'immobilisme par lequel le lieu d'origine semble s'effacer et disparaître, comme s'il n'avait pas existé. Puis, la mort des parents libère des paroles tues, enfouies en soi.

Célestine continue : « L'une de mes amies a vécu les massacres d'Oran. En l'écoutant, je me suis rendu compte que j'avais censuré ma mémoire. J'avais barré des souvenirs et des idées que je ne devais pas penser, comme le fait que mes parents étaient des victimes. Pourquoi, alors que c'était manifeste, je ne pouvais pas le penser ? Je l'avais devant les yeux tous les jours ».

Avec la distance historique, Célestine découvre que ses parents ont été victimes d'un système, le colonialisme moderne, que la France inaugure en Algérie, auquel elle ajoute une spécificité peu reprise ailleurs (les DOM), l'annexion pure et simple du territoire conquis à son territoire.

Ce sont surtout les désubjectivations qui apparaissent dans l'après-guerre d'Algérie. Une étude sur documents des subjectivations et des subjectivités des pieds-noirs avant et pendant la guerre d'Algérie reste à faire en sciences sociales.

Douleur, nostalgie, tristesse, angoisse, honte, culpabilité : bien des souffrances éprouvées par les apatriés et leurs descendants demeurent sans résolutions.

Subjectivations et désubjectivations des harkis

Certains harkis montrent individuellement la détresse due à la guerre, puis au déracinement forcé, et à la difficulté de la resubjectivation, voire son impossibilité.

Fadia : « Je suis née entre Alger et la montagne. Ma vie se résume à beaucoup d'abandons, de tristesses et d'injustices ».

La tragédie commence en Algérie, à la fin de la guerre d'indépendance.

Fadia : « En 1962, lorsque mon père et ma mère sont montés dans le camion pour les harkis, Lounès, le plus jeune frère de ma mère, n'a pas pu monter, car il n'y avait plus de place. Il a beaucoup pleuré. Pour lui, c'était tragique. Il s'est senti trahi. Il y avait des dénonciations, il avait peur de mourir ».

Un des frères avait été assassiné par le FLN pendant la guerre.

Rentrés en France, après un séjour dans un camp de regroupement, le père fait plusieurs petits métiers, et les parents passent de village en village, avant de s'installer dans le Massif central. Le père devient ouvrier chez Michelin. Malgré une situation sociale apparemment stabilisée, il reste violemment tourmenté par l'exil qui lui a été imposé.

Fadia : » Mon père nous frappait. Il hurlait. Il nous faisait peur. En 1976, il frappe ma mère enceinte et l'enfant meurt. Mon père nous rabaissait, nous humiliait. Ma mère pleurait beaucoup, car elle ne voulait pas se marier. Elle ne pouvait pas prendre la pilule. Elle a eu douze enfants. Mon père a refusé que ma mère apprenne à lire et à écrire. Il ne voulait pas qu'elle travaille. Après la dernière naissance en 1979, ma mère ne voulait plus d'enfants. Elle a beaucoup insisté auprès du chirurgien, pour qu'il lui ligature les trompes ».

Fadia rapporte que son père ne leur parlait pas du tout. Il était resté mutique depuis le départ d'Algérie.

À l'école, on les appelait les Gitans. On leur disait répétitivement : « Rentre dans ton pays ». Cela les terrorisait. Ils ne se sentaient pas bien, ils sont devenus timides, ils craignaient de déranger.

Fadia : « L'un de mes frères s'est suicidé à l'âge de trente ans. Lorsqu'il était petit, il avait été poussé sous une voiture, parce qu'il était arabe. Il était resté plusieurs jours dans le coma. »

L'une des sœurs est devenue folle. Elle avait de plus en plus d'hallucinations. À quarante-six ans, Fadia a l'impression qu'elle n'a pas évolué. Elle exprime qu'elle reste comme une enfant, comme si elle ne pouvait plus grandir. Sa désubjectivation et la désubjectivité qui en résulte sont criantes :

Fadia : « J'ai toujours été en décalage partout. Je suis mal, je n'ai jamais été bien. Je n'arrive même plus à travailler et à sortir de chez moi. Je ne sais pas qui je suis ni où est mon pays. Je n'ai pas de pays ».

> Les harkis représentent une communauté littéralement sacrifiée, rejetée de part et d'autre autant dans leur pays d'origine que dans leur pays d'accueil, privée d'une réelle reconnaissance de leur condition. Leurs descendants errent psychiquement dans un état de non-présence. Leur subjectivation est impossible. Un vide existentiel barre l'accès à leur subjectivité. Pour eux, il s'agit d'une véritable tragédie psychique.

Hélie de Saint Marc se rallia au putsch des généraux Salan, Jouhaux et Challe, parce qu'en Indochine il avait vu l'armée française abandonner des habitants de villages qui furent massacrés par le Viêt-Cong. Il ne voulut pas cautionner l'abandon des harkis, après les accords d'Évian.

Néanmoins, des dizaines de milliers d'entre eux furent abandonnés et massacrés par le FLN. De plus, il put voir l'accueil réservé en France aux harkis et à leur famille, quand il était toléré qu'ils viennent et restent en France.

Subjectivations et désubjectivations des migrants algériens

Le cas des migrants-réfugiés-exilés algériens, après l'indépendance, est différent. À partir de 1974, les nouveaux migrants-exilés algériens subissent le sort des réfugiés. Ils sont, comme ceux d'autres nationalités, refusés par l'Europe. En France, l'OFPRA, chargé de les accueillir, s'efforce plutôt de les repousser soit vers leur pays d'origine, soit, selon le traité de Dublin, vers le premier pays qui les a accueillis.

L'analyse de leurs subjectivations et de leurs subjectivités, de leurs désubjectivations et de leurs désubjectivités, voire de leurs resubjectivations et de leurs resubjectivités est commencée par ST et demeure à poursuivre, notamment en sciences sociales.

Transition

Jusqu'à maintenant, la question de l'exil algérien, ou des exils au départ de l'Algérie, du fait de la décolonisation, n'a pas été étudiée dans son ensemble, mais plutôt du côté de la migration économique après l'indépendance. Les populations concernées ont été considérées séparément, pour des raisons évidentes d'origines et de destins différents. Or, *il nous est apparu qu'il existe une question algérienne plus large*, dépendante de la colonisation et du nouveau colonialisme moderne qu'elle contribuait à instaurer, sinon à inaugurer, avant la colonisation de l'Afrique subsaharienne et le traité de Berlin en 1879. Cette question plus large dépend aussi de la guerre d'indépendance et de la décolonisation. Ces événements politiques ont eu et ont encore des répercussions majeures sur les subjectivités des Algériens (dont, ce qui est à rappeler, la moitié de la population de quarante-trois millions d'habitants a moins de trente ans), et sur celles des harkis et des pieds-noirs dont les existences ont été bouleversées, enfin, sur nos propres existences.

Chapitre VII
Des vécus subjectifs complexes

Durant toute la période de colonisation, il existe de fait *une contradiction insoluble, qui devient progressivement invivable*, du point de vue du statut politique entre pieds-noirs et Algériens. Les pieds-noirs bénéficient d'un réel statut politique de citoyens français, à part entière. Ils votent, ont tous les avantages que leur apporte leur nationalité française.

La présence française

Les villes sont des villes françaises construites, pour eux, par les Français. Un après-midi de dimanche à Alger ou à Oran ressemble à celui que l'on peut passer dans n'importe quelle ville en France. Seule différence à Alger : les deux bordels sont dans une rue centrale de la ville, rue Bab-Azoun. À Oran, ils sont dans l'un des faubourgs. Leur entrée est, de fait, dans les deux villes, interdite aux Algériens, tout comme leur est interdite, en tant que consommateurs, mais pas comme livreurs ou « chaouchs » (serviteurs) l'entrée des nombreux cafés. Les serveurs sont français.

L'absence des Algériens

Les Algériens, habitants de leur propre pays, sont au service des gros colons et de la colonisation, sans pouvoir bénéficier de la nationalité de leur pays, envahi par d'autres. Ils doivent se contenter d'un vague non-statut de l'indigénat, qui n'est qu'un code réglementaire qu'on leur applique, sans leur octroyer de droits.

Les jeunes soldats du contingent, à vingt ans, font leur service militaire, et partent, contraints et forcés, pour l'Algérie, alors qu'ils sont, pour la plupart, opposés à la guerre contre ce pays : ils ont l'obligation d'y participer. Transportant ces jeunes qui pleurent, les camions traversent Paris et s'arrêtent à la gare de Lyon.

La minimisation de la condition sociale des Algériens

Comme les pieds-noirs, ils oublient vite, une fois arrivés, la différence de condition sociale et politique entre eux et les Algériens. Deux attitudes apparaissent.

Les rôles subalternes et l'oubli de la condition sociale

Les pieds-noirs et soldats du contingent (plusieurs centaines de milliers de soldats) minimisent la condition sociale des Algériens derrière la distinction sociale les reléguant à leurs rôles subalternes.

À un niveau un peu plus élevé, les pieds-noirs les connaissent eux-mêmes, ces rôles subalternes : ils sont petits agriculteurs, petits commerçants, petits fonctionnaires par rapport aux gros colons, aux détenteurs d'entreprises ou de maisons de commerce, aux hauts fonctionnaires qu'ils ne voient jamais ou rarement.

Au village, le gros colon du coin vient de temps en temps, flanqué de deux grands chiens qui le protègent. Visage encore jeune, la quarantaine, indifférent à ce qui l'entoure, ne s'adressant qu'à un interlocuteur choisi. Des industriels et gros bonnets du commerce, il n'en vient aucun, pas plus que dans les villages en France. Quant aux hauts fonctionnaires, pourquoi viendraient-ils ? Le jeune postier, fraîchement arrivé de France, fait, à leur place et à la sienne, l'éloge de l'Algérie française.

La camaraderie de bon aloi

La deuxième attitude est la camaraderie de bon aloi où chacun reste à sa place.

Alice Zeniter a su le montrer, pour les pieds-noirs, dans son roman, *L'Art de perdre*, avec l'exemple du petit Hamid.

À Palestro, Claude, qui est épicier, garde Hamid, un petit garçon algérien de l'âge de sa fille Annie, pendant que son père travaille – sa mère est décédée – mais il lui interdit l'entrée de son appartement. Le petit garçon doit rester dans l'épicerie. « Claude aime peut-être le petit garçon comme son fils, mais son amour ne peut s'épanouir qu'au rez-de-chaussée ».

L'amour sincère de Claude pour le petit Hamid ne parvient pas à briser l'un des interdits tacites de la société coloniale et colonialiste : non la séparation du privé et du public, qui est nécessaire, légitime, quand elle est aménagée, mais la condition sociale qui, même là où elle perd toute justification et toute légitimité sociales et politiques, au sens du politique, distingue absolument le domaine privé du domaine public. C'est toujours dans l'épicerie qu'on accueille le petit garçon et son père, jamais dans l'appartement au-dessus.

Les deux populations, Pieds-noirs et Algériens, se croisent, se parlent, se connaissent. C'est au détour d'une rue, devant l'étalage d'un magasin, aux terrasses de certains cafés « arabes » qu'elles se rencontrent. Pour autant, ce n'est pas – ou rarement – dans la sphère familiale et domestique, l'antre secret de la communauté des pieds-noirs français.

Cette habitude très répandue montre que, sauf exception, les deux mondes sont cloisonnés. Chez certains petits colons, les enfants sont gardés à demeure par une nounou algérienne. Les liens tissés sont très forts entre l'enfant et sa nounou. Lorsque les adultes européens parlent d'une façon méprisante des Algériens, l'un et l'autre se sentent blessés et ne comprennent pas. Là est le paradoxe que génère cette contradiction insoluble entre les statuts des uns (les privilégiés) et le non-statut des autres, qui, pour dire les choses telles qu'elles sont, permet de les opprimer et de les exploiter.

Les amitiés, les camaraderies

Il y a de vraies amitiés entre enfants européens et algériens, qui perdurent à l'âge adulte.

Certaines coutumes montrent une parité de fait, même si elles peuvent choquer nos consciences occidentales. Un pied-noir, né en Algérie, âgé d'une quarantaine d'années, petit de taille, raconte, en riant, que, dans les bandes de jeunes ados pieds-noirs et algériens, les plus petits de taille, indistinctement, se voient encadrés par deux plus grands de taille qui leur tiennent les bras, pendant qu'un troisième les » sodomise ». Le récit tranquille et son rire montrent, dans son cas, qu'il s'agit d'un jeu sexuel entre ados et non d'un viol. Les récits de patients montrent, toutefois, la forte présence d'abus sexuels sur les enfants de toutes les communautés.

Il y a, au travail, de vraies camaraderies entre hommes, entre femmes, entre homme et femme des deux communautés, mais pas d'unions durables avec ou sans enfants.

Cela ne change pas la réalité politique des uns et des autres : une inégalité injustifiable qui laisse entendre une supériorité de fait.

Les meurtres et crimes contre l'humanité

Est-ce pour cette raison que certains jeunes citoyens français en Algérie, proches ou non de l'OAS, n'ont pas hésité à assassiner froidement des » Arabes » ?

Aude (70 ans) : » Alain, encore enfant, avait été témoin du meurtre d'un jeune garçon algérien dans sa rue, contre le mur de sa maison. Nous, les enfants, nous étions déchirés entre la fidélité à nos parents, plutôt gaullistes, et l'attirance que nous ressentions à rallier un groupe de jeunes, avec leurs codes et leurs idées, et ce que nous pouvions éprouver face aux tueries, aux drames, à ce climat d'une incroyable violence ».

Plus de cinquante ans après, dès que l'occasion de parler se présente, une hâte de dire se fait nettement sentir.

Ainsi, Béatrice relate un incident dont elle a entendu parler par un proche de sa famille.

Béatrice (59 ans) : « En 1961, un jeune Européen d'à peine vingt ans, vivant à Oran, est réquisitionné par l'armée française. Le premier jour, dans sa garnison, il est entraîné dans une embuscade pour venger deux soldats qui viennent d'être tués par des agents du FLN (plus vraisemblablement par des fellaghas). Il participe aux représailles qui sont organisées immédiatement. À leur tour, les soldats français massacrent deux Arabes. « On a fait ce qu'on avait à faire, prétend-il aujourd'hui, comme on le lui avait dit, sans la moindre émotion, sans le moindre remords. »

Béatrice est très mal à l'aise face à ce refus de reconnaître l'acte meurtrier commis dans sa réalité indéniable, ainsi que la désaffectation qui marque, encore aujourd'hui, chez cet homme, une dissociation défensive, signe de sa dé-subjectivation profonde et durable, entraînant même sa déshumanisation.

En revanche, dès qu'elle parle de l'Algérie, Béatrice a la gorge nouée, sa voix tremble. Certains mots sortent difficilement de sa bouche. Béatrice donne un autre exemple. Elle raconte qu'à la même période, Grégoire, un autre jeune de vingt ans à peine, enrôlé dans l'armée, reçoit l'ordre de tuer un Algérien. Il refuse de commettre un meurtre. Il est alors emprisonné à Mers-El-Kébir. Lors de sa détention, il écrit un poème sur la liberté.

De même, au village, un soldat du contingent est de garde, avec trois autres, sur un château d'eau. Pendant son temps de garde, entre deux heures et quatre heures du matin, il voit par la grosse loupe de la mitrailleuse fixée au sol, trois hommes armés qui se déplacent entre deux rangs de vigne. En ce cas, l'ordre est formel : tirer sans sommation. Malgré sa mauvaise vue, il ne peut les manquer. Il suffit d'appuyer sur un bouton. Il ne tire pas. Il ne réveille pas ses camarades, pour décider si l'on donne l'alerte. La nuit s'achève, sans que rien ne se passe. Il n'écrit pas un poème sur la liberté, mais sur la chance.

Peu de temps après, le village est attaqué. Si, la première fois, le soldat qui n'avait pas donné l'alerte n'avait pas eu de chance, que se serait-il passé ?

Attaqués, les soldats se défendirent. Avant de se retirer, les « fellagas » brûlèrent un champ de blé.

La différence de statut semble donner à certains l'autorisation de commettre des crimes contre l'humanité ; d'autres s'y refusent. Le gouvernement algérien a demandé officiellement « que soient reconnus les crimes coloniaux de la France », lors d'un entretien avec Ammar Belhimer publié dans le journal El Massa, le 18 février 2021.

Le problème de la réception de la propagande politique et de la liberté de choix

Deux problèmes soulevés par ST – position à laquelle souscrit pleinement LMB – semblent à creuser, notamment en sciences sociales.

> 1. L'éthique et les capacités de discernement ne sont pas entamées de la même manière par la propagande politique du colonisateur et du colonialisme, que dans d'autres cas, par exemple par la condition ouvrière.
>
> 2. La question de la subjectivité prend toute sa valeur dans la liberté des choix que font ou ne font pas des individus et des groupes d'individus soumis aux mêmes circonstances et aux mêmes régimes politiques.

Ces deux problèmes sont englobés dans un troisième, que ST a déjà posé et auquel LMB souscrit également :

> 3. Il s'agit de la question plus large de l'Algérie coloniale, de son statut territorial français (comme dans les DOM-TOM), de la révolte de son peuple, de la guerre d'indépendance et des répercussions que la colonisation, le colonialisme, ont sur la vie et les subjectivités des Algériens, des soldats du contingent, des pieds-noirs, des harkis, des Algériens exilés-migrants-réfugiés, et, aujourd'hui encore, sur nos propres vies et subjectivités.

Chapitre VIII
Les conséquences passées et présentes de la guerre d'Algérie

Le drame de la guerre d'Algérie est qu'elle fut accompagnée, des deux côtés, d'exactions illégitimes du point de vue du droit de la guerre et des droits humains – sauf dans une seule région : le général Garbey interdit, pendant la durée de la guerre, l'usage de la torture dans la région d'Oran.

Les exactions de l'armée française

Ces exactions allaient des tortures (baignoire, électrocution dite « Gégène », entre autres, tel l'arrachement des ongles) aux exécutions sommaires (la « corvée de bois » déjà indiquée, les » rebelles » jetés dans la mer, les pieds scellés dans du béton, les fusillades de femmes et d'enfants), au non-respect du corps tué.

À propos de fusillades de femmes et d'enfants, un jeune du contingent raconte, en pleurant, qu'un groupe de surveillance dont il faisait partie avait arrêté une femme algérienne et sa petite fille. Elles furent fouillées. On trouva, au bas du vêtement de la petite fille, un feuillet plié qui contenait des indications de lieux et de positions de troupes françaises. Le sergent-chef transforma le groupe en peloton d'exécution. Des hommes protestèrent. Le sous-officier dit que ceux qui ne tireraient pas seraient sanctionnés. Au moment de l'exécution, seules deux ou trois armes se levèrent verticalement et non à l'horizontale, pour tirer, mais pas celle de celui qui pleurait.

À propos du non-respect du corps tué, voici un autre témoignage. Une jeep débouche, portant, comme un gibier, au travers du capot de son moteur, le corps d'un jeune « fellagha » exécuté, rapporte l'un des hommes, vingt-minutes plus tôt. Les yeux, mal fermés, brillent encore. Un soldat du contingent montre une photo du « fellagha » mort et abandonné au bord d'un chemin. Les chacals l'ont à demi dévoré.

Autre exemple, encore, celui d'un assassinat, suivi d'une exposition d'une partie du corps. Selon le récit d'un soldat du contingent, un engagé sous-officier fait égorger et déchiqueter par ses chiens un « fellagha » prisonnier, lui coupe la tête et la pend au piquet de sa tente. Le matin, les soldats voient cette tête dont les yeux n'ont pas été fermés.

Les tortures sont souvent infligées à des hommes et à des femmes, pour les faire parler.

Au cours d'une séance de torture dans la cave d'une maison d'El Biar au-dessus d'Alger, une femme est violée par ses bourreaux, sauf celui qui raconte. Il a torturé, mais pas violé. La femme est morte le lendemain.

Outre la torture, il y a les camps de rétention, certains de grande dimension. Dans un petit camp de rétention, près de Beni Messous, non loin d'El Biar, des tentes sont allongées, côte à côte, sur le sol. Un mirador les surmonte, avec, en haut, une sentinelle. Elle a ordre de tirer sur ceux qui sortent des tentes.

Les exactions des fellaghas

De l'autre côté, c'est également les assassinats, la torture, avec mutilation (le sexe dans la bouche), les expéditions punitives, les attentats contre des cibles militaires, administratives et civiles.

Au village, un enfant algérien de quatre ou cinq ans reçoit d'un soldat du contingent une pièce de monnaie qu'il lui a demandée. Il s'éloigne du soldat, met la pièce dans sa poche, le regarde avec haine et crache par terre.

Qui, du côté français, sont les bourreaux ?

Massivement, ce sont des jeunes engagés ou du contingent qui vengent sur n'importe quel « fellagha » ou suspect les camarades dont ils ont trouvé les corps suppliciés et mutilés. C'est ce qu'ils répondent à ceux qui, implicitement, leur font des reproches : « tu n'as pas trouvé ton meilleur copain... »

Voici un exemple, peut-être isolé : un soldat du contingent dit qu'il est enfant de l'Assistance publique. L'armée française lui a offert un contrat de cinq ans après son service s'il aidait à torturer. Il a accepté.

Les protestations contre la torture

Seuls, deux officiers supérieurs protestèrent publiquement contre la torture : le général Jacques Pâris de Bollardière, en fonction, et le général Pierre Billotte, alors à la retraite.

Bollardière a exprimé le refus de toute forme de torture dans une lettre datée du 21 mars 1957 adressée à Jean-Jacques Servan-Schreber, directeur de l'Express. Il soutient le journaliste dans sa dénonciation de la torture, qui affirme : « Je pense, avec un respect infini, à ceux de mes frères, arabes ou français, qui sont morts aux mains de leurs semblables, flagellés, torturés, défigurés par le mépris des hommes ».

Cette lettre a été publiée, le 29 mars 1957, dans l'Express. (Voir aussi Merom, 2003, p. 115 et suivantes.)

Aussi publiquement que possible, il y eut protestation d'intellectuels et de prêtres, appelés ou rappelés. Que l'on sache, il n'y en eut pas du Vatican. Des voix s'élevèrent, en France, dans des manifestations étudiantes, contre la torture et contre la guerre d'Algérie.

La censure

La censure joua son rôle habituel dans les faits en les banalisant. Les camps de concentration, dits de rétention, dont il a été question auparavant, visibles dans tout le pays, destinés aux « rebelles » et à la population algérienne, *n'existaient pas* pour les soldats du contingent – sauf pour ceux qui reconnaissaient les avoir vus – ni pour la population française.

Ont-ils laissé de fortes traces de culpabilisation, refoulée, qu'ils aient participé ou non à leur établissement et à leur gestion, chez d'anciens soldats du contingent, et, en Algérie, chez des harkis ?

Pour certains, c'est la honte qui domine, tant pour les camps que face à la haine, même celle des enfants ; un peu comme la honte d'avoir été, un temps, assimilable à un nazi.

Les « rebelles » étaient mêlés à la population du village. Un soir de Noël, deux jeunes Algériens qui se trouvaient là furent invités à participer au repas de réveillon que des soldats du contingent avaient improvisé. Ils se montraient entre eux et aux deux Algériens des photos de fiancées. Un soldat dit de l'une, en regardant la photo : « Celle-là, il vaut mieux être dessus que dessous ». Gros rire des Français et des Algériens. Trois mois plus tard, après une embuscade, des soldats qui participaient au repas reconnurent, parmi les morts, les visages des deux invités.

Les désubjectivations des soldats du contingent

En ce qui concerne la guerre, l'ambiguïté de certaines situations peut contribuer à un long silence vis-à-vis des familles. On peut légitimement douter que les pieds-noirs militaires et les soldats du contingent, contraints au combat, ayant ou non participé aux exactions, n'en aient pas été marqués.

Parmi les livres sur la guerre d'Algérie, celui de Laurent Mauvignier, *Des hommes*, met en évidence de quelle façon les hommes ont été cassés par cette guerre. Autant par ce qu'ils sentent, voient, entendent que par ce dont ils sont témoins, ou par ce qu'ils font ou doivent faire.

Un soldat du contingent raconte qu'avant l'attaque, il y avait distribution d'alcool. Puis les soldats fonçaient. S'il y avait des cabanes, ils ouvraient la porte à coups de pied et tiraient, tuant le couple et ses enfants.

La désubjectivation est, en l'occurrence, phénoménale, d'une ampleur sans égale, amplifiée par l'absurdité des situations vécues et leur inhumanité.

Un jeune infirmier soigne les soldats amputés, défigurés, et surtout hébétés, mutiques et prostrés. Il doit aussi s'occuper des cadavres des légionnaires qui se suicident de désespoir, trop abîmés par la guerre, pour pouvoir continuer à vivre. » Antoine attend que tout cela se termine. Les dernières missions l'ont secoué. Il ne supporte plus le ricanement des gradés dont les rêves de vengeance s'affichent. Il a compris l'absurdité des choses, leur aberration. Il a fini par comprendre le rôle que jouait l'armée française, le lourd tribut payé par la population algérienne, et il se sent trahi. (Giraud, 2017 : 236).

Chaque soir, à l'hôpital Maillot à Alger, vers six heures, le vrombissement de l'hélicoptère qui se pose sur sa piste se fait entendre. Il amène les blessés et les morts de la journée. Dans les salles où les soldats sont soignés, les conversations cessent, c'est le silence.

La différence de statut politique comme symptôme ordinaire

Ainsi la différence de statut politique n'est que le symptôme banalisé du syndrome du colon, de la colonisation et du colonialisme. Cette maladie invisible recouverte de discours politiques, de propagande et de censure trouve, durant la guerre, son apothéose dans des violences inouïes et inhumaines.

Chapitre IX
Colonisation, colonialisme et emprise psychique

L'emprise est une mainmise sur l'esprit de l'autre ; souvent, aussi, par le biais de son corps, comme on a pu le constater non seulement dans toute l'histoire de l'esclavage et de la prostitution, mais également des politiques de santé sous les régimes dictatoriaux.

Le colonialisme fait main-basse sur une terre, un pays, une administration, une histoire, une langue, une culture et, plus encore, sur des êtres humains. L'emprise est la manifestation durable, si ce n'est officialisée, de la perversion.

La colonisation et le colonialisme s'appuient sur la guerre, pour introduire et maintenir leur emprise par la force. Propagande, censure, délations, intimidations, humiliations, espionnages, violences, emprisonnements, tortures font partie de l'arsenal utilisé pour la mettre en œuvre. Elle permet d'assurer l'oppression des supposés « plus forts » et plus « civilisés » sur les « plus faibles », désignés comme « primitifs » ou « inférieurs ».

Parmi d'autres démonstrations de force, le massacre de Sétif, en 1945, pour écraser une révolte en faveur de la démocratie, a fait seize mille morts, alors que les Algériens venaient de se battre « pour la France ».

Les effets subjectifs de l'emprise coloniale

Les effets subjectifs de l'emprise politique représentant la colonisation et le colonialisme sont nombreux et ramifiés dans toute la population civile : désappropriation de soi-même, soumission, obéissance forcée, colères rentrées (réprimées, voire refoulées), puis – fatalement – désobéissance et révolte.

Dans une guerre d'usure qui a pris des allures de guérilla, la population algérienne a été longtemps écrasée par la police et par l'armée.

Comment des gens de bonne foi, de part et d'autre, se sont-ils trouvés coincés dans un conflit qui les dépassait ? Ils sont membres de différentes communautés qui coexistent, depuis plusieurs générations, de façon pacifique et, souvent (quasi) amicale, sur le même territoire.

Ce qui les « dépasse », c'est cette emprise que représentent le colon, la colonisation et le colonialisme, emprise d'un système qui les utilise tous et toutes, quel que soit leur statut, pour assurer, dans la plus complète négation de leur subjectivité, sa pérennité.

Une telle négation, désubjectivante par sa signification, est renforcée par le vocabulaire politique (aux deux sens du terme) de la propagande. À l'école primaire, en ce qui est devenu le CM2 et qui s'appelait alors la septième, les instituteurs et institutrices donnaient comme sujet de devoir « L'empire français ». Or, parler d'empire est une sorte de mensonge d'État. Ainsi sont passés sous silence le colon, le colonialisme, la colonisation, leurs effets et leurs impasses, mais surtout les obligations qu'ils prescrivent aux uns comme aux autres et les formes de domination qu'ils imposent.

En voici quelques exemples, parmi tant d'autres.

- Violence punitive : un ancien petit colon colonisateur et colonialiste racontait que, pour plier à ses ordres ses serviteurs récalcitrants, il les frappait à coups de manivelle de voiture.

- Violence de domination : le même racontait en riant qu'un riche colon, passant à cheval le long d'une prairie, voit, parmi d'autres petites filles qui jouent, l'une d'entre elles qui lui plaît. Il saute de son cheval, court après elle, l'attrape, la viole, remonte sur son cheval et s'en va.

De fait, les Algériens ont été exclus de la citoyenneté française et traités comme des parias dans leur propre pays.

Parallèlement, les Français, Espagnols, Maltais, puis Grecs, Italiens, Allemands, Polonais qui sont venus peu à peu s'installer en Algérie ont dû se couler dans le statut du colon colonisateur-colonialiste.

Le patriotisme à l'excès

Un patriotisme forcené, supposé garantir la mission, présentée comme « tâche civilisatrice » de la France, du colon, de la colonisation, du colonialisme, forçait les Français et les devenus français à se ranger sous ses drapeaux.

Michèle Beaussant met en évidence la façon dont les Européens, s'installant en Algérie, sont contraints, dès l'école primaire, de développer un fort patriotisme en faveur de la France, du style « Nos ancêtres les Gaulois ».

Ce patriotisme forcé génère « la surenchère et l'engrenage d'un conflit, qui semble avoir toujours été là, évoquant dans les mémoires une peur déjà séculaire des populations dites indigènes et de leur colère face à l'usurpation coloniale et au régime qu'elle imposa » (Baussant, 2002, 322). Lors de leur Certificat d'études, les enfants doivent chanter trois chants patriotiques. Au cours du temps, sans grande surprise, le nationalisme imposé par la France s'est retourné contre ceux qui se sont installés dans des colonies.

La tragédie du colonialisme

Dans la réalité, hors des discours de propagande et de l'histoire officielle, le colonialisme est une tragédie. Elle est camouflée derrière la prétendue volonté d'apporter la « modernité », celle du colonisateur ; mais cette « modernité » du colonisateur, la population colonisée n'en bénéficie pas ou très peu. Qui plus est, une religion qui se présente, en l'occurrence, comme dominatrice, arrogante, envoie, au mépris des coutumes, des rites et rituels de religions et sacrés locaux, ses missionnaires en pays conquis. Certains se comportent humainement. D'autres n'hésitent à imposer par la force leur propre loi dogmatique et leurs croyances. Ainsi, la fréquentation des sacrements peut devoir s'attester par une pièce de monnaie.

Colonialisme, libéralisme
et néo-libéralisme globalisés

La colonisation, puis la décolonisation comme guerre pour l'indépendance (surtout comme recherche de la démocratie et de la liberté), par refus des négociations, ont été effectuées au détriment de l'individu, au détriment de la subjectivité singulière. Elles ont bouleversé d'abord les subjectivités et les psychismes individuels. Puis, elles ont atteint les subjectivités et les psychismes collectifs et communautaires. Elles ont renforcé, tout en les justifiant, les idéologies négatives, les sectarismes, les discriminations et les haines.

Ce chaos destructif demeure en partie nié jusqu'aujourd'hui, principalement dans ses effets catastrophiques sur la subjectivité et les processus de subjectivation.

L'indépendance acquise, chacun rentré chez soi, les harkis et les pieds-noirs survivants sont *apatriés* en France et non « rapatriés », puisque leur patrie était l'Algérie. Ils ont été privés de patrie, assignés à résidence, puis acculturés, au moins partiellement, pour être assimilés.

Les traumatismes des uns et des autres ont massivement été tus, cachés, oubliés, et doivent fréquemment l'être encore, tant les refoulements – voire les dénis – pèsent sur l'histoire individuelle et collective.

Conclusion

La grande machine libérale économique des toutes relatives Trente Glorieuses, dont Piketty nous dit qu'elles ne reviendront pas, a repris du poil de la bête, dans les années quatre-vingt et quatre-vingt-dix du vingtième siècle, grâce aux prétextes que furent les crises du pétrole, mais surtout grâce aux largesses fiscales consenties aux grandes entreprises et aux multinationales par Reagan et Thatcher. Avant 1970, des superbénéfices étaient taxés à 98 %. S'adjoignant le néo-colonialisme libéral, ce flot de richesse des nantis, cette grande machinerie de l'économique et de l'économie hégémonique recouvrent de leur ombre faussement protectrice, en réalité dévastatrice, le monde entier.

Cependant, la bataille entre les jeunes générations qui arrivent et la minuscule caste des tout-puissants possédants est déjà commencée. Elle est inéluctable, inévitable ; elle est vitale, et représente la dernière étape de la décolonisation des esprits, des corps, des existences de chacune et chacun.

Il y de l'espoir. Les jeunes ne sont pas actuellement les plus forts, mais ils sont les plus nombreux : ils peuvent gagner.

Quatrième partie
Le traumatisme subjectif et objectif du colonialisme en Algérie

Introduction

Ce traumatisme du colonialisme a été constamment relayé par le libéralisme économique. Les deux ont exacerbé, en France, le racisme contre les harkis et les migrants algériens. Ils ont contribué également à un rejet des pieds-noirs accusés d'être colonialistes, alors que c'est précisément le colonialisme qui leur avait donné leur statut politique, assurant ainsi aux gros colons une main-d'œuvre française et algérienne qui garantit leur profit.

Les pieds-noirs et les harkis ont vécu dans la douleur leur départ d'Algérie. Les migrants algériens ont « choisi » de migrer pour survivre, mais ils vivent néanmoins en exil d'un pays où ils souhaitaient pouvoir vivre réellement.

Les enfants, nés en Algérie ou en France, portent le poids de leur souffrance. Seront abordés, d'abord, le problème spécifique en France du racisme vis-à-vis des harkis et des migrants algériens, ensuite celui du rejet des pieds-noirs.

Chapitre IX
Le racisme vis-à-vis des harkis et des migrants algériens

À partir du XIXe siècle, le racisme apparaît en France et en Europe. On peut se poser la question d'un naturalisme historique qui se manifeste très tôt dans l'histoire humaine, dès l'homo sapiens et les sociétés de chasseurs-cueilleuses qui existent encore. Naturalisme historique découlant d'une erreur des hommes et non des femmes. L'homme engendre, avec la femme, l'enfant, mais il ne le porte pas. Le sacré apparaît, non avec l'histoire humaine de l'homo sapiens, mais avec l'évolution darwinienne de ce qui deviendra l'espèce humaine. Dès 400 000 ans avant notre ère, des hominidés orientent leur tombeau. On peut se demander si les sacrés des sociétés de chasseurs-cueilleuses ont un rapport avec le naturalisme historique des hommes.

Celui-ci semble se concrétiser dans un refus, par l'homme, du don de l'enfant que lui fait la femme. Si ce don se fait ou se faisait réellement, il ne peut y avoir ni rendu ni échange, mais double don : l'enfant donné, l'homme le donne à son tour à la femme. Il peut alors l'inscrire dans les deux lignées, matri-patri-linéaire. Or, 80 % des sociétés humaines (560 connues sur 1500 dénombrées selon la classification de Murdock) sont, encore aujourd'hui, patrilinéaires et patrifocales. 20 % sont matrilinéaires et matrifocales. En refusant le don de l'enfant par la mère, le père prend l'enfant dans sa lignée, fille et garçon, les filles lui assurant, dans sa descendance, des garçons.

L'inversion des rôles dans les sociétés matrilinéaires et matrifocales corrobore le refus du don de l'un(e) et la prise de l'enfant par l'autre, donnant au père un statut ambivalent, puisqu'en tout état de cause, ce n'est pas lui qui « fait » l'enfant : le porte et l'aide à naître. Cette supériorité que s'est assurée l'homme, en plaçant l'enfant dans sa lignée devient, *dans ses phantasmes*, « naturaliste » et sacralisée.

Les sociétés du sacré déclinent, mais se maintiennent

Dans cette nouvelle société, l'ébauche, la naissance, la construction de la société moderne ont remplacé Dieu par la nature.

Le racisme prétendument théorisé par Gobineau, Vacher de Lapouge et Houston

Chamberlain, puise ses significations à la fois dans une sorte de naturalisme historique inventé par l'homme et dans un naturalisme tout aussi historique, mais daté et plus spécifique à la société moderne. Il se définit comme une marque, physique ou non physique, dévalorisante ou, dans sa qualification, apparemment positive ou neutre, n'apparaissant précisément que comme marque (le juif X se voulant dévalorisant, la ravissante madame Y, mais on ne trouve jamais le ravissant monsieur Y, l'algérien ou l'ivoirien Z, jamais le français ou l'anglais Z). La marque est un tampon qualifiant (survalorisant ou dévalorisant) sur les individus seuls ou en groupe : les Juifs, les Arabes, les malades mentaux, les albinos, les autistes, les surdoués, les hypersensibles, etc.

Au XXe siècle, le racisme de certains Français plonge plus directement ses racines dans l'idéologie maurrassienne de l'Action française née de l'affaire Dreyfus. Il est renforcé par l'idéologie nationaliste, notamment pendant la période de l'État français pétainiste collaborant avec l'Allemagne nazie. L'apogée du racisme est atteinte avec les camps de concentration où étaient envoyés les ennemis (reconnus néanmoins de « race pure » tels les Anglo-saxons) et, sans qu'ils soient ennemis, les « naturels » de

« races inférieures ». Le racisme de l'OAS se manifeste par ses discours haineux et ses exactions meurtrières.

Pour triste mémoire, rappelons le terrible massacre du 17 octobre 1961, à Paris, lors d'une manifestation pacifique d'Algériens soutenant l'émancipation politique de leur pays et protestant contre le couvre-feu alors imposé seulement aux Maghrébins, à la suite des attentats du FLN en France contre les forces de l'ordre. Ce massacre par les forces de la police française fera 98 morts et de nombreux noyés. Il sera nié, puis occulté jusqu'en 2001, date à laquelle le Maire de Paris, Bernard Delanoë, inaugure, sur le pont Saint-Michel, une plaque commémorative « à la mémoire des nombreux Algériens tués lors de la sanglante répression de la manifestation pacifique du 17 octobre 1961 ». Le commanditaire de la répression est Maurice Papon, préfet de Police, connu pour son rôle officiel, sous l'Occupation, dans la déportation de juifs, comme Secrétaire général de la Préfecture de la Gironde à Bordeaux.

Dans son roman autobiographique *Le Chagrin*, Lionel Duroy retrace les positions politiques pro-OAS de ses parents, qui furent des pétainistes convaincus.

« Tout ce qui peut ternir l'image de De Gaulle légitime à ses yeux (mon père) qu'il ne l'ait pas rejoint en juin 1940. Il parle de trahison, de devoir, d'honneur. Des années plus tard, je l'entendrai user des mêmes mots avec ses amis de l'Algérie française « trahie » par le même De Gaulle. Je devine qu'en 1945, il se façonne les bons arguments pour garder la tête haute dans les défaites » (Duroy, 2010 : 281)

L'auteur repère le même mépris haineux de ses parents vis-à-vis des « bicots » (Maghrébins) et des « péquenots » (prolétaires et employés) : « Je me rappelle ce soir d'hiver à Neuilly où notre mère avait repéré "un de ces horribles bicots" sous nos fenêtres et où nous avions eu si peur qu'ils égorgent notre grand-mère. (…) Il me semble que le mot de « bicot » me revient associé à un danger. (…) Pourquoi les appelait-elle des « bicots » ? Je ne sais même pas d'où vient ce nom. Notre père disait des » bougnoules », lui. « Cet horrible Ben Bella, disait-elle aussi, quand tu penses qu'on l'a engraissé dans sa prison, alors que ces salauds du FLN assassinaient les malheureux pieds-noirs… Il n'y a que les Français pour être aussi bêtes. Et maintenant, il est président de la République. Ce raton qui ne sait ni lire ni écrire ». (Duroy, 2010 : 515-517).

Dans sa prison, Ben Bella était soigné pour une tuberculose.

Quand le racisme tente de trouver des justifications idéologiques et « historiques », il exprime indéniablement un » esprit de classe » chez celles et ceux qui prétendent appartenir à une élite, à une culture supérieure. Les pieds-noirs, pourtant d'origine européenne, mais petits agriculteurs, petits artisans ou commerçants ou petits fonctionnaires, à l'inverse des gros colons qui, pour ceux venus en France, se sont tous recasés, bien que mal accueillis par certains Français.

Chapitre X
Le rejet français des pieds-noirs

À la tristesse d'avoir quitté pour toujours les êtres et les lieux que l'on aime, s'est ajoutée l'épreuve de ne pas être réellement accueillis, mais tout juste tolérés en France. Chaque histoire est différente, avec ses contrastes et ses nuances.

« Les Français métropolitains n'ont pas du tout accueilli chaleureusement les pieds-noirs. Ils témoignaient à notre encontre, du mépris, de l'hostilité, de l'envie, surtout vis-à-vis de ceux qui avaient touché une aide de l'État pour se reconvertir. Les Français nous prenaient pour des colons qui avaient fait suer le burnous », explique Alice.

Alba confirme cette difficulté : « Mon père n'a pas trouvé de travail. Il a été très mal reçu, parce qu'il venait d'Algérie. Papa était juriste. Lors d'un entretien d'embauche, on lui avait demandé s'il avait fait partie de l'OAS (ce qui n'avait pas été le cas). Il n'a pas pu trouver de travail dans le Midi. Nous avons dû aller à Paris ».

Quinze ans plus tard, la situation ne s'était pas vraiment améliorée pour ceux qu'on appelait les « rapatriés d'Algérie ».

Alba poursuit : « Il y avait un rejet. Je m'en suis aperçue quand je suis venue à Nice. J'avais vingt-trois ans. J'ai continué à cacher que je venais d'Algérie parce que les retours étaient toujours négatifs. Par exemple, des personnes avaient des préjugés défavorables sur les pieds-noirs, les décrivant de façon caricaturale ».

Dans d'autres situations, l'hostilité et la répulsion ont été plus violentes.

Mathias (66 ans) : « Nous avons été mal accueillis en France. Nous sommes arrivés en pays ennemi. La famille a été complètement dispersée On nous a traité d'Arabes pendant des mois. On nous a maltraité et on s'est souvent moqué de nous. (…) Les métropolitains nous voyaient comme des étrangleurs d'Arabes ».

Béatrice aussi se souvient des personnes qui rejetaient sa famille.

« Un jour, à l'école, notre voisine fait la remarque qu'il y a beaucoup de gitanes. L'institutrice lui répond : "Cette petite est pied-noir, alors ça revient au même". Je me souviens encore de cette phrase ».Outre les difficultés matérielles, les témoignages insistent sur les mises l'écart, du fait de leurs particularités culturelles (l'accent notamment), mais aussi à cause des préjugés négatifs mettant les rapatriés en place d'étranger-bouc émissaire.

Souvent, lorsque Béatrice parlait de son enfance et de l'Algérie, elle se faisait rabrouer. Elle était rejetée par ses camarades : « Tu n'es pas comme nous, forcément tu n'es pas d'ici ».

Les exemples sont innombrables de ces remarques violentes, ou insidieuses, d'une mise à l'écart qui a concerné de nombreux pieds-noirs lors de leur arrivée en France.

Chapitre XI
Pieds-noirs, harkis, Algériens : un vécu douloureux pour les parents et les enfants

Alexis Nous a réalisé une étude approfondie de la condition de l'exilé. Pour lui, le vécu de l'exilé correspond à une « sortie de l'être » (Nous, 2015 : 53), sans retour, et *perturbe sa relation au temps*, ce que nos recherches confirment. Passé et présent sont juxtaposés, voire amalgamés, et indissociables.

La génération qui a émigré est saturée de nostalgie, explique aussi Linda Lê. Selon cette autrice, il est plus cruel d'être dépossédé de ses biens, d'être contraint à l'exil et de devoir partir vers une terre étrangère, que de mourir sous une bombe. Le mal du pays s'exprime par des rêves répétitifs, comme si resurgissaient les fantômes de ce que les exilés considèrent étrangement comme un âge d'or : » Ces souvenirs les berçaient, atténuaient ce que leur haine avait de trop venimeux, quand ils pensaient à ces belles années, à cette époque excitante. » (Lê, 2017 : 16.)

Les enfants des exilés ont souvent conscience de ce que leur vision du pays d'origine est façonnée par les récits de leurs parents. Comme la plupart de leurs compatriotes exilés, ils déplorent la perte de ce qu'ils s'obstinent à dépeindre comme un éden. Durant leurs adolescences, ils passent par une longue période où ils rejettent tout ce qui concerne le pays de leurs parents.

« Les parents pouvaient se dire nostalgiques de ce qu'ils avaient laissé derrière eux ; mais leur progéniture, venue au monde en terre étrangère, avait le sentiment qu'il lui fallait, en cet ailleurs où le hasard l'avait fait naître, admettre qu'elle n'avait même pas connu la patrie de ses ascendants. » (Lê, 2017 : 49.)

Pour l'enfant né en France, le pays des parents est un « pays fantôme » qu'il n'a souvent jamais pu visiter, qui n'a pas d'existence réelle.

« Il avait l'habitude de faire comme s'il était aveugle et sourd à chaque fois qu'il était question de leur pays d'origine. Il s'en repentait à présent, car il sentait combien ce refus l'avait en quelque sorte mutilé. (…) La fuite d'eux-mêmes ou de l'histoire de leur famille serait la seule perspective envisageable pour ces enfants d'exilés, habités par le sentiment inconfortable d'être au milieu du gué, incapables de regarder en arrière ou en avant, perdus entre deux abîmes ». (Lê, 2017 : 80, 215-216)

Conclusion

Les formes de désubjectivation sont différentes d'une génération à l'autre, alors qu'elles ont de nombreux points communs à l'intérieur des mêmes générations, quelle que soit la communauté d'origine. De fait, le colonialisme, la colonisation et la décolonisation, avec ses exils obligés, exodes politiques et migrations économiques, ont fortement et durablement impacté les subjectivités.

Épilogue

Les processus de subjectivation et de désubjectivation sont surdéterminés par le système politique, particulièrement le système impérialiste de la colonisation et du colonialisme, qui n'est pas seulement une appropriation des terres, mais surtout des esprits.

- La première erreur, celle de Napoléon III fut de départementaliser, sur le modèle français, le territoire algérien. Cette erreur fut évitée, plus tard, au Congo-Brazzaville et au Tchad, plus encore en Tunisie et au Maroc qui furent des protectorats. Cela ne change pas les formes du colonialisme, mais cela n'officialise pas son institutionnalisation politique, en délimitant juridiquement les populations du territoire occupé, autrement dit le statut ou non-statut des populations qui y vivent. Ce fut ce colonialisme spécifique qui inaugura, à notre avis, le colonialisme moderne. Ce dernier ne prétendit pas, au même degré, faire sien le territoire d'autrui. Qui aurait dit : le Tchad, c'est la France ?
- Deuxième erreur : l'absence quasi totale d'unions matrimoniales officielles, publicisées, qui rend impossible la mixité entre pied-noirs et Algériens. Ce n'est pas seulement le racisme ordinaire qui sépare les pieds-noirs des « bicots ». C'est le statut d'oppresseur par rapport au non-statut d'opprimé, qui existe partout, notamment en Europe, où les différences de classes et de positions sociales commandent, invisiblement, les unions matrimoniales ou, aujourd'hui, les compagnonnages pacsés.

- La troisième erreur, majeure celle-là, fut, dès que la révolte inévitable, en un temps où des pays du monde étaient en pleine décolonisation, de ne pas négocier honnêtement aussitôt, en vue de l'indépendance de l'Algérie.

Il y eut des manifestations contre la guerre dite de « pacification ». Des manifestants se couchaient sur les voies. Il y eut les appelés qui avaient rempli leur engagement, fait leur service, puis, comme les engagés et les rappelés ne suffisaient pas, il y eut les conscrits du contingent, ceux qui faisaient leur service militaire. C'est ceux-là qui étaient emmenés en larmes dans les camions qui les conduisaient aux gares où des convois partaient pour Marseille. Là, ils étaient embarqués sur un bateau qui les menait à Alger. Et c'est d'Alger qu'ils étaient convoyés par camions sur tout le territoire algérien.

Les présidents du Conseil se succédaient. Les négociations avortaient. Les gros colons voulaient rester en Algérie.

Faire tuer, torturer par vengeance n'importe quel » fellagha » parce qu'ils avaient trouvé le corps d'un camarade supplicié, mutilé, le sexe dans la bouche, bouleversa, pour des années, souvent pour la vie entière, les subjectivités de ces jeunes de vingt ans, tout comme elles l'ont été par des fusillades auxquelles ils étaient contraints.

En effet, comme Guy Mollet, pupille de la Nation, a reçu des tomates lancées par des partisans de l'Algérie française, il nomme Robert Lacoste gouverneur. Avec l'aide du général Massu, ils vont couvrir toutes les atrocités commises à Alger et sur le territoire algérien. Ainsi, les petites histoires d'ego rejoignent la grande histoire, en commanditant et « justifiant » des massacres pour venger un orgueil blessé...

Venue du colonialisme français, la guerre d'Algérie aurait pu être évitée par la négociation paritaire et respectueuse. Elle a eu lieu, faisant suite aux politiques impérialistes, celles françaises, et celles dans le monde. La paix d'Évian n'a pas réglé tous les problèmes, loin de là, encore moins ceux du politique, c'est-à-dire des limites légitiment posées à l'inhumain. C'est le franchissement de ces limites qu'elles ont suscité, l'une et l'autre.

Un prétendu statut politique donnant à des migrants français la citoyenneté française qu'ils avaient déjà, la donnant aux étrangers venant vivre en Algérie, réduisait les Algériens et les Algériennes (déjà opprimées) à un non-statut de bête ou d'esclave.

Ce statut politique transgressait, par sa seule présence banalisée, les droits les plus élémentaires et les plus imprescriptibles des êtres humains.

Ce même statut politique, ou *non-statut*, a entraîné la catastrophe. Des femmes et des hommes, face à l'indépendance algérienne durement acquise, ont fait les frais de l'erreur que peut représenter l'attribution du statut politique qui est celui du pays conquérant à des individus, le plus souvent de bonne foi, qui ont cru légales et valables les décisions politiques du pays d'origine.

Le racisme du petit colon était un racisme ordinaire, banalisé. Le colonialisme en Algérie l'a encouragé, pour maintenir, tant qu'il a pu, par l'entremise des colons dominants, son emprise sur le pays.

Aujourd'hui, des individus paient encore, psychiquement, interpsychiquement, socialement et politiquement – au sens du politique – l'excès, l'abus que constituait la « fusion » illégitime, du point de vue social, économique, culturel et politique, de deux pays dont l'un avait conquis l'autre par la force, puis par la propagande, donc par l'emprise.

Chaque être humain qui a vécu cette longue histoire de la colonisation et du colonialisme, entre les violences de la guerre, celles de la guérilla, et les souffrances de l'exil, soit pied-noir, soit harki, soit migrant algérien, a connu aussi les vécus traumatiques des catastrophes. Celles qu'ils ont endurées pèsent lourd sur leurs subjectivités malmenées, et, souvent encore, sur celles de leurs enfants.

Comment pourrait-il en être autrement ? Comment peut-on encore croire que l'administration des phénomènes humains règle les problèmes, en évacuant autant les désirs et les rêves, les souffrances, les douleurs, les désespoirs de ceux qui sont concernés ?

La désubjectivation des exilés découle non seulement d'être arrachés à la terre qu'ils aiment, mais aussi de la collusion de leur culture d'origine avec la ou les nouvelles cultures de leur lieu d'arrivée, sans compter l'absence de reconnaissance des injustices et des drames qu'ils ont endurés, autant que la volonté d'assimilation forcée, qui sont de nouvelles négations de leurs subjectivités blessées.

De surcroît, l'occultation des barbaries de la guerre d'Algérie, du terrorisme aux meurtres gratuits, des tortures aux crimes contre l'humanité, grève encore plus les possibilités de resubjectivation de toutes celles et de tous ceux qui ont été durablement éprouvés par les tragédies qu'ils ont connues.

Les exilés souffrent de ce que le sociologue Abdelmalek Sayad (1999) appelait la « double absence » : pieds-noirs, harkis et Algériens en France ne se sentent ni d'un pays ni de l'autre, égarés dans un entre-deux auquel ils ne parviennent pas à s'arrimer. Cette double absence non prise en compte les empêche de déployer leurs existences d'humains en devenir au travers de leurs présences singulières.

La subjectivité et la dignité humaines sont indissociables. Or, elles ont été et sont fatalement dissociées dans la tragédie algérienne, notamment tant que n'auront pas été reconnus par un chef d'État, comme le président Chirac l'avait fait pour la déportation des Juifs de France, les crimes contre l'humanité de la France en Algérie.

Attendre illusoirement que le temps plonge les souffrances psychiques et relationnelles dans l'oubli est la pire des politiques, si ce n'est la politique du pire.

Bibliographie

ABRAHAM Nicolas et TOROK Maria, *L'écorce et le noyau*, Paris, Flammarion, 1975.
ALLOUCHE-BENAYOUN Joëlle et BENSIMON Doris, *Juifs d'Algérie d'hier et d'aujourd'hui, Mémoire et identité*, Toulouse, Privat, 1991.
BAUSSANT Michèle, *Pieds-noirs, Mémoire d'exil*, Stock, 2002.
BENVENISTE Annie, *Le Bosphore à La Roquette*, Paris, L'Harmattan, 2000.
BOURDIEU Pierre et SAYAD Abdekmalek, *Le Déracinement*, Paris, Minuit, 1964.
BOURDIEU Pierre et PASSERON Jean-Claude, *Les Héritiers*, Paris, Minuit, 1964.
CASTEL Robert, *Les Métamorphoses de la question sociale*, Paris, Gallimard, 1996.
DIDRY Claude, *L'institution du Travail, Droit et salariat dans l'Histoire*, Paris, La Dispute, 2016.
DOLTO Françoise, *L'image inconsciente du corps*, Gallimard, 1984.
DUROY Lionel, *Le Chagrin*, Paris, Julliard, 2010.
FOUCAULT Michel, *Dits et écrits*, Gallimard, 2001.
GIRAUD Brigitte, *Un Loup pour l'homme*, Paris, Flammarion, 2017.
LÊ Linda, *Héroïnes*, Christian Bourgeois, 2017.
MATHIEU Anne, « Jean-Paul Sartre et la guerre d'Algérie », *Le Monde diplomatique*, 2004, novembre, p. 30-31.

MEROM Gil, *How Democracy Lose Small Wars: State, Society and the Failures of France in Algeria, Israel in Lebanon, and the United States in Vietnam*, New-York, Cambridge University Press, 2003.

MAUVIGNIER Laurent, *Des Hommes*, Paris, Minuit, 2009.

NOUS Alexis, *La Condition de l'exilé, Penser les migrations contemporaines,* Paris, MRSH, 2015.

PÂRIS DE BOLLARDIERE Jacques, *Bataille d'Alger, bataille de l'homme*, Bruges, Desclée de Brouwer, 1972.

RAND Nicholas, *Quelle psychanalyse pour demain*, Toulouse, Erès, 2002.

TOMASELLA Saverio, *Renaître après un traumatisme,* Eyrolles, 2010.

TOMASELLA Saverio, *Désubjectivation, resubjectivation et résiliance collective en situation de catastrophes : l'exil des Européens d'Afrique du Nord*, Thèse de doctorat sous la direction de Serge Tisseron, Université de Paris, 2016.

WAINRIEB Steven, *La psychanalyse, une question de subjectivation*, Le Carnet Psy, n°5 (109), 2006.

ZENITER Alice, *L'Art de perdre*, Paris, Flammarion, 2017.

Structures éditoriales du groupe L'Harmattan

L'Harmattan Italie
Via degli Artisti, 15
10124 Torino
harmattan.italia@gmail.com

L'Harmattan Hongrie
Kossuth l. u. 14-16.
1053 Budapest
harmattan@harmattan.hu

L'Harmattan Sénégal
10 VDN en face Mermoz
BP 45034 Dakar-Fann
senharmattan@gmail.com

L'Harmattan Cameroun
TSINGA/FECAFOOT
BP 11486 Yaoundé
inkoukam@gmail.com

L'Harmattan Burkina Faso
Achille Somé – tengnule@hotmail.fr

L'Harmattan Guinée
Almamya, rue KA 028 OKB Agency
BP 3470 Conakry
harmattanguinee@yahoo.fr

L'Harmattan RDC
185, avenue Nyangwe
Commune de Lingwala – Kinshasa
matangilamusadila@yahoo.fr

L'Harmattan Congo
219, avenue Nelson Mandela
BP 2874 Brazzaville
harmattan.congo@yahoo.fr

L'Harmattan Mali
ACI 2000 - Immeuble Mgr Jean Marie Cisse
Bureau 10
BP 145 Bamako-Mali
mali@harmattan.fr

L'Harmattan Togo
Djidjole – Lomé
Maison Amela
face EPP BATOME
ddamela@aol.com

L'Harmattan Côte d'Ivoire
Résidence Karl – Cité des Arts
Abidjan-Cocody
03 BP 1588 Abidjan
espace_harmattan.ci@hotmail.fr

Nos librairies en France

Librairie internationale
16, rue des Écoles
75005 Paris
librairie.internationale@harmattan.fr
01 40 46 79 11
www.librairieharmattan.com

Librairie des savoirs
21, rue des Écoles
75005 Paris
librairie.sh@harmattan.fr
01 46 34 13 71
www.librairieharmattansh.com

Librairie Le Lucernaire
53, rue Notre-Dame-des-Champs
75006 Paris
librairie@lucernaire.fr
01 42 22 67 13